KB024305

세상을 이해하려는 치열한 노력

세상이치

세상을 이해하려는
치열한 노력, 세상이치

김동희 지음

초판 1쇄 발행일 2022년 9월 15일

펴낸이 이숙진 펴낸곳 (주)크레용하우스 출판등록 제5-80호

주소 서울 광진구 천호대로 709-9 전화 (02)3436-1711 팩스 (02)3436-1410

홈페이지 www.crayonhouse.co.kr 이메일 crayon@crayonhouse.co.kr

▪ 빛은책들은 재미와 가치가 공존하는 ㈜크레용하우스의 도서 브랜드입니다.
▪ KC마크는 이 제품이 공통안전기준에 적합하였음을 의미합니다.

ISBN 978-89-5547-960-7 04100

고대그리스철학부터 현대입자물리까지,
단 한 권에 펼쳐지는 지혜

세상을 이해하려는 치열한 노력

세상이치

김동희 지음

빚은
책들

머리말

세상 이치를 알려면 우선 우리가 살아가는 사회에서 '인간과 자연을 어떻게 바라보아야 하는가'를 생각해야 한다. 일상생활에서 사람과 사람의 교류나 자연을 우리가 어떻게 대해야 하는지와 같은 생각이다. 하지만 인간과 자연에 관한 세상을 깊이 있게 바라보고자 이성적으로 생각하는 방법을 개발한 사람은 오래전부터 있었다. 우리가 인지하든 하지 않든 그들의 사유가 인류 사회의 문명을 이끌어온 것은 사실이다.

사람들 대부분 '장미는 아름답다'고 감정을 표현할 때, 어떤 사람들은 아름다움이란 무엇인지를 한 권의 책으로 표현하기도 한다. 누구나 착하게 살아야겠다고 빈번히 다짐하지만, 착하게 사는 방법을 책으로 남긴 사람은 드물다. 마찬가지로 누구나 우주를 궁금해하지만, 진리를 알아내려고 든 사람은 많지 않다. 즉, 세상을 이해하는 건 일상생활을 영위하는 데 필요한 것일 수도 있지만, 깊이 있는 이성이나 관찰로 이루어낸 성과를 통해 세상을 보는 방법일 수도 있다. 이성의 깊이를 논하는 면에서 철학과 물리학만큼 좋은 주제는 없다.

이 책은 철학과 물리학의 관점에서 세상을 이해하려고 치열하게 노력한 방식을 말하는 책이다. 철학이나 물리학을 주제로 이야기를 풀어나가지만 그렇다고 물리학과 철학의 내용만 획일적으로 설명하지 않는다.

철학과 물리학은 얼핏 보기에 다른 분야를 탐구하는 학문 같다. 각각 인문학과 자연과학에 속해 있는 것을 봐도 그렇다. 하지만 그들이 수행하는 탐구는 다른 여타 학문과 비교해서 좀 더 근본적이라는 공통점이 있다. 자연이든 사회든, 그 속에서 가장 근원적인 의문을 풀려 한다는 점에서 두 학문은 같다. 이들은 세상을 '근본적'으로 바라보려 한다. 아인슈타인은 대학 시절에 칸트의 《순수이성비판》이나 흄의 《인간오성론》을 즐겨 읽었다고 한다. 인류 최강의 물리학자가 무슨 철학책을 그렇게 읽었나 싶지만 아인슈타인은 훗날 그의 상대성이론을 정립하는 사고 실험을 수행할 때 철학이 크게 도움이 되었다고 회고한다. 그래서 세상을 이해하는 방식을 얘기하는 측면에서 보면 철학과 물리학만큼 좋은 소재가 없다.

물리학과 철학은 원래 별개의 학문이 아니었다. 세상의 진실을 파악하는 것은 곧 자연과 인간을 이해하는 것이었다. 자연의 근본적 법칙이나 인간 사회가 어떤 구조를 가져야 하는지에 대한 답을 내놓는 과정이 바로 고대철학이었다. 고대 그리스 사상가들은 자연과 인간을 이해하려는 노력으로 깊은 사유를 선택했다. 그들의 사유는 철학과 물리학을 포함한다. 오늘날 두 학문으로 분리되었을지언정 세상의 진실을 파악하려는 노력의 일환으로서는 같은 선상에 있다.

누군가는 세상을 근원 물질로써, 누군가는 숫자로 이해하려 했고, 누군가는 관찰로, 누군가는 치열한 사고로 이해하려 했다. 다르게 보일지라도 세상을 이해하려는 하는 방법론의 차이였을 뿐이다. 모두 세상의 진리를 추구하려 한 것이다. 방식에서 차이를 보일 뿐, 관점 면에서 철학과 과학은 같다. 과학과 철학은 별개의 학문이 아니다.

고대나 근대, 현대 인간의 사고 능력은 비슷하다. 지금 우리는 누가 뭐라고 해도 과학적인 증명이 많이 이루어진 시대에 살고 있다. 그래서 고대 그리스인이나 근대 이전의 철학자들을, '미개'하다는 식으로 잘못 이해하는 경향이 있다. 하지만 그들은 그 시절에 가능한 방법으로 세상을 이해하려 했던 것뿐이지 현대의 우리와 비교해 결코 사고 능력이 떨어지지 않았다. 오히려 생각의 원천은 거의 모두 그들에게서 나왔다. 그러한 생각의 원천이 있었기 때문에 오늘날 자연을 좀 더 올바로 이해하고 인간을 좀 더 나은 방법으로 규정할 수 있게 되었다는 것을 잊지 말아야 한다. 과학은 발달한 실험 도구로 그들의 생각을 증명하고 있고 사회학 등의 학문은 그들 생각을 바탕으로 발전하고 있다.

이 책에서는 과거와 현재의 생각을 연대순으로 다룬다. 비록 연대적이지만 세상을 이해하려는 아이디어는 발전적이라는 것을 알 수 있을 것이다. 앞이 있어서 뒤가 가능했으며 비슷한 생각이 반복돼 왔다. 플라톤의 이데아가 하늘에서 뚝 떨어진 것이 아니듯이 현대 입자 물리학계에서 연구하는 소립자의 세계 또한 전대로부터 내려오는 생각이 있었기 때문에 알아낼 수 있었다. 선대의 생각을 발전시킨 덕분에 우리는 세상을 더 넓고 깊게 이해할 수 있게 됐다. 그래서 우리가 현재 세상을 바라보는 방식을 이해하려면 고대 그리스의 사상부터 순차적으로 살펴볼 필요가 있다고 생각했다. 물론 시간순으로 다루지만 간혹 시간을 되돌아가거나 반복하는 일도 있을 것이다. 그때는 맞은 것이 지금은 틀리고, 그때는 틀린 것이 지금은 맞기도 하기 때문이다.

이 책에서 처음 등장하는 플라톤의 이데아 세상은 우리의 감각을 벗어난 세계가 존재할 가능성을 열어준다. 그러나 우리가 보고 느끼는 감각의 세계는 분명히 존재하므로 이 세상을 체계적으로 기술한 아리스토텔레스의 관점은 플라톤과 상호 보완적이다. 하지만 체계적으로 구축된 아리스토텔레스의 세상을 기독교 세계관이 보호하는 바람에 한동안 그에 대한 반박은 힘들었다. 실험을 통해 올바로 자연을 바라본 갈릴레이가 천재로 불리는 이유가 바로 이 보호의 그늘에서 뛰쳐나올 만큼 진리를 밝혀내는 데 탁월했기 때문이다. 신앙에 의존해서가 아니라 우리 이성으로 세상을 파악할 수 있다는 데카르트의 주장은 혁신적이었다. 그는 이성으로 세상을 올바로 이해할 수 있다고 믿었다. 실험에 근거한 이성의 올바른 사용은 뉴턴의 혁명적 물리학으로 완수됐다.

자연의 미래를 알 수 있는 자연과학이 도출될 것이라고는 아무도 예측하지 못했었다. 물리학의 정확성에 놀란 칸트는 철학도 그러해야 한다고 주장했다. 칸트가 인간 이성의 한계를 철학 사상 처음으로 논증하여 놀라운 성과를 얻었다면, 헤겔은 변화하는 세상을 설명했다. 뉴턴의 물리학은 자연을 설명하는 면에서 만능이 아니었다. 20세기 들어 밝혀진 자연의 세계는 우리가 보고 느낄 수 있는 영역이 아니었다. 아인슈타인은 상대성원리로 뉴턴이 빠트린 자연의 법칙을 메웠으나, 그는 죽는 순간까지 확률로 세상이 이루어졌다는 양자역학을 인정하지 않았다. 하지만 우리 세계는 양자적이다. 우리는 그 세계를 오직 수학이라는 도구와 최첨단의 장비로 무장한 실험실에서만 들여다볼 수 있다. 자연의 물질을 이루는 소립자들이 상호작용하는 방식을 보면 그 옛날 플라톤의 기본 생각과 많이 닮아 있다. 세상을 이해하려는 시도가 결국 세상을 발전시켜 현재의 엄청난 지식을 만들어냈는데, 이는 플라톤의 생각과 질적으로 일치한다.

우리의 세상 바라보기는 돌고 돈다. 세상을 이해하려는 치열한 노력(세상이치)은 예나 지금이나 그 근본은 같다.

끝으로 이 책을 제안해주시고 부드러운 문장이 되도록 원고 교정에 힘써주신 '빚은책들'의 이상모 편집부장님과 임직원들께 깊은 감사를 드린다.

차례

플라톤

(BC428? ~ 348?)

우리 눈에는 보이지 않는 이상(이데아)이 있다

이 세상 만물은 그것의 이상인
이데아를 흉내낸 것뿐이야.
이데아는 관찰로는 알아낼 수 없고,
오로지 이성으로만 파악할 수 있지.
세상은 결국 이데아야.

1972년 베트남 전쟁 당시, 미군의 공습을 피하려고 아빠 손에 이끌려 정글로 들어간 호 반 랑은 그때부터 40년이 넘게 고립된 채로 살아오다 2021년이 돼서야 세상으로 나올 수 있었다. 하지만 그의 세상과 우리의 세상은 전혀 다른 것이었다. 호 반 랑은 문명 생활은 물론, 심지어 여성의 존재도 모르고 있었다. 결국 세상이란 자신의 사고가 미치는 범위까지를 말하는 것인지도 모른다.

현대를 사는 우리는 우주가 팽창한다는 것도 알고, 원자의 세계가 존재한다는 것도 안다. 하지만 그 사실은 각 개인에게 아무런 의미가 없다. 그런 세계가 존재한다고 한들, 우리는 올바르게 파악할 수도 없다. 그렇다면 개인에게 세상이란 도대체 어떤 의미일까?

이러한 질문에 대해 체계적이고 주목할 만한 답을 내놓은 인물이 지금으로부터 2500년 전, 그리스에서 활동한 사상가인 플라톤이다. 플라톤의 사상은 지금까지도 영향을 미치고 있고, 현대에 와서 다시 부활하고 있다. 세상을 이해하려는 우리의 여정은 플라톤부터 시작한다.

플라톤은 일상생활에서 경험하는 세상의 이면에는 이에 대응하는, 불변이고 영원한 원본이 존재하고 있다고 생각했으며 이를 '이데아'라고 명명했다. 이데아는 '외적 현상의 이면에 숨어 있는 참된 것'이라는 뜻이다. 플라톤은 이데아는 변하지 않으며 영원하고 우리가 경험을 통해 아는 세상은 환상에 불과하다고 생각했다.

이데아는 플라톤의 핵심 사상으로 그의 사상 전체를 관통하는 기본 토대다. 이데아는 철학사에 가장 큰 영향을 끼친 단어다. 처음에 이데아는 도덕이나 가치와 같은, 정신적 측면과 관련된 단어였다. 하지만 사유가 발전하면서 그 범위가 확장돼 종국에는 사물에까지 적용됐다.

이데아는 선대 철학자의 다양한 사유를 통합하려 시도한 끝에 나온 산물이다. 특히 스승인 소크라테스의 영향이 매우 컸다.

소크라테스의 의문

플라톤은 소크라테스가 생전에 나눈 대화를 정리하며 세상의 참된 것, 즉 이데아에 관심을 가지게 됐다. 소크라테스는 철학적 문제에 대한 답을 알고 있다고 자만하는 사람들이 실은 답을 가지고 있지 않으니 더 깊이 생각해야 한다고 깨닫게 하는 데 탁월한 능력이 있었다.

소크라테스가 다룬 문제는 주로 살아가며 늘 마주치게 되는 '도덕'과 '가치'에 관련된 것들이었다. 예를 들어 "용기가 무엇인가"라는 질문을 하고는 상대방의 답변을 계속 반박해 결국 그들이 답을 모르고 있다는 것을 깨닫게 한다. 이렇게 상대방이 답을 못할 때까지 몰아붙여 자신이 모른다는 것을 자각하게 하는 기술을 '논박술'이라고 한다.

소크라테스는 답을 알고 질문했을까? 아니다. 자신도 답을 정확하게는 모른다고 하며 대화는 끝이 난다. 소크라테스는 자기 자신도 올바르게 알지 못하면서 단지 논쟁에서 이기려고 상대방의 무지를 드러낸 것일까? 절대 아니다. 소크라테스의 의도는 상대방이 모른다는 것을 깨닫게 해 살아가는 데 필요한 윤리 자체를 검토하고 비판해서 더 나은 삶을 살게 하려는 데 있었다.

소크라테스는 당시 큰 인기를 누린 소피스트들 때문에 이런 대화를 하기 시작했다. 소피스트들은 귀족 측 입장을 대변하며, 재판에서 이기는 방법을 알려주는 위치에 있었다. 이들은 논쟁에서 이기고자 모순된 궤변을 늘어놓기도 했는데(수사학이라고 한다), 소크라테스는 이들의 주장은 시민들이 올바른 도덕적 가치를 정립하고 살아가는 데 커다란 방해물이 될 뿐이라고 여겼다. 특히 젊은 사람에게 끼치는 해악은 이루 말할 수 없다고 생각해 참된 지식이 윤리적 판단의 기초를 확립하기를 원했다.

소크라테스는 소피스트가 꼬아 놓은 단어의 올바른 정의를 밝히려고 했고, 단어에 내포돼 있는 '추상적 실재의 본성'을 알고자 했다. 예를 들어 아름다움의 절대적 본성이 실제로 있다고 믿었다.

우리는 "장미가 아름답다"라거나 "비너스 조각상이 아름답다"고 말한다. 이때 주어로 모든 것을 지칭할 수 있지만, '아름답다'는 술어는 변하지 않는다. 아름답다는 술어가 변하지 않는 것처럼 '아름다움이란 어떤 절대적 본성이 있지 않은가?' 하는 게 그의 생각이었다.

소크라테스는 아름다움을 비롯해 용기, 절제, 경건 또는 정의 등 다양한 주제로 대화했다. 경건, 용기 또는 정의는 개인마다 다른 기준을 가지고 있고 사회에 따라서도 다르므로 항상 변하는 속성이 있다. 하지만 진정한 아름다움, 경건, 용기, 정의는 단 하나 존재하며 이들은 불변이고 시간과 공간을 초월해 보편적이라고 믿었다.

이와 같은 '도덕과 가치의 본성'이 바로 이데아의 전신이다.

그런데 소크라테스는 책을 하나도 남긴 게 없는데 우리는 이런 생각을 했다는 것을 어떻게 알고 있을까? 그 이유는 그의 생각을 책으로 남겨 계승, 발전시킨 매우 뛰어난 제자 플라톤이 있었기 때문이다.

13세기 수도사인 매튜 패리스가 그린 소크라테스와 플라톤

이데아의 탄생

플라톤은 책을 30여 권 남겼으므로 그 저작을 통해 플라톤의 사상은 물론 스승인 소크라테스의 생각 또한 엿볼 수 있다. 저술은 《소크라테스의 변론》을 제외하고 모두 대화체로 구성돼 있다. 35편이나 남긴 '대화편'은 철학 문답 형식인데 세계 문학에 속할 만큼 아름다운 문체로 구성돼 있다. '대화편'에 등장해 질문자로 나서는 인물이 소크라테스다. 당연히 소크라테스의 사상이 책에 스며들어 있다. 한편으로 플라톤 자신의 창작물인데 소크라테스의 입을 빌려 대화 형식으로 표현했을 수도 있다. 그렇더라도 스승의 생각은 대화편 곳곳에 스며들어 있을 것이다.

'대화편' 초기 작품은 밋밋한 대화의 연속으로 이루어져 있는데, 중기 작품은 문학적이고 희곡적으로 기술된 작품이 많다. 여기에서 플라톤의 문학적 재능을 엿볼 수 있다. 말기 작품은 중기의 예술적인 기술이 두드러지지는 않으나 기술 방법 자체는 더욱더 세련되게 정련돼 있다.

이와 같이 대화편은 구성과 표현력으로 단계를 구분할 수도 있고 각 대화편에서 소크라테스가 맡은 역할에 따라 구분할 수 있다. 초기 대화편은 소크라테스가 중심적으로 대화를 주도한다. 전적으로 소크라테스의 가르침을 대화체로 구성해 편집했다고 추론할 수 있다.

초기 책에서 소크라테스는 소피스트들의 생각에 강력히 반대한다. 소피스트들이 생각하거나 행하는 선은 그들 각각의 이기적인 관심과 일치할 뿐이다. 소피스트 중 한 명인 트라시마코스는 정의는 강자의 것이라는 궤변만 늘어놓았다. 소피스트들의 주장이 사실이라면 선의 개념은 무의미할 뿐이었다. 존경과 사랑과 같은, 인간 상호 간의 선한 관계는 만들어질 수 없을 것이다.

소크라테스는 선과 관련된 단어에 어떤 절대적인 정의가 있다면 그것이 삶의 기준이 돼 윤리적 토대가 형성될 수 있다고 보았다. 또 이것이 소피스트들이 만드는 해악을 물리치는 길이라고 생각했다.

플라톤은 초기 대화편을 통해 스승의 윤리적 사상을 기록으로 남겨 생전에 무슨 말을 했는지 보존함으로써 윤리학의 이론적 토대를 구축하려 했다. 그래서 소크라테스의 생각에서 더 발전해 선이 경건, 용기, 정의 또는 사랑 등에서 공통으로 찾을 수 있는 개념일 뿐 아니라 '실제로 존재'해야 한다고 믿었다.

선이 단지 개념에 불과한 것이 아니라 실제로 존재하는 것이라면 선의 절대적 위치가 정해지므로 인간 각자가 유리한 쪽으로 선을 정의하는 일은 더는 없게 되니 인간의 자의적 판단에서 벗어나게 될 것이다.

그런데 플라톤은 이 시기에 선의 존재를 뒷받침할 만한 확실한 논증의 단계에 이르지 못했다. 초기는 자신의 고유한 사상을 발전시키고자 스승의 사상을 계승하는 단계였다.

모든 것의 원본

플라톤은 명망 높은 귀족 가문 출신이다. 그는 원래 정치에 뜻을 두었으나 당시 혼란스러운 아테네 상황 탓에 정치를 포기하고 철학에 전념했다. 그러다가 소크라테스가 어이없는 죽음을 맞는 것을 목격하고 환멸을 느껴 긴 외유를 시작한다. 10년 가까이 메가라, 이집트, 이탈리아를 방문하며 엘레아 및 피타고라스 학파와 교류했고 잠시 정치에 참여한 적도 있었다. 이 외유는 이데아 사상을 견고히 다지는 데 결정적 역할을 하였다.

플라톤은 유명 사상가들을 만나 새로운 학문과 사상을 접하며 자신의 철학을 형성해 나갔다. 특히 이 시절에 엘레아학파로부터 파르메니데스가 주장한 '존재'에 관한 학설을 듣고 피타고라스학파로부터 수학을 배운 일은 이데아 사상을 확장하는 데 결정적인 영향을 주었다.

피타고라스학파로부터 접한 '수의 원리'는 세상은 끊임없이 변화하고 복잡한 양상을 띠지만 이면에 이상적인 완전함을 가지는 다른 세계가 있음을 의미했다. 처음에 이데아는 선(the good)과 같은 관념이 실재한다는 사상에서 출발했지만, 수학에서의 점, 선이나 면과 같은 개념을 접하고 나서 물리적인 세상으로까지 확장한다.

예를 들어 우리가 삼각형을 그린다고 하면, 머릿속으로는 이상적인 삼각형(삼각형의 이데아)을 떠올리지만, 손으로는 삼각형의 모양을 흉내낸 것을 그린다는 것이다. 손으로 그린 삼각형은 실제로는 삼각형이 아니고, 불규칙한 면들이(아무리 선을 얇게 그리더라도 결국 그것은 면이다) 합쳐진 것일 뿐이다. 그러므로 아름다움, 경건 등 관념의 이데아가 있는 것과 마찬가지로 선, 삼각형 등의 수학적 구조물의 이데아 또한 존재한다.

파르메니데스의 존재론은 사물의 이데아를 정립하는 데 결정적 영향을 주었다. 파르메니데스는 세상 만물은 모두 변한다는 헤라클레이토스의 이론에 반하여 변화는 불가능하며 원래 존재하는 것은 하나이고 불변이며 영원하다고 주장했다. 그렇지만 실제 세상은 변화하므로, 그 변화를 포착한 감각 정보는 불완전한 것이며 진리는 오직 이성에 의해서만 알 수 있다고 했다.

감각 정보가 불확실하다는 주장은 플라톤이 사물에도 이데아를 적용하는 데 큰 역할을 했다. 플라톤은 세상에서 감각적으로 파악할 수 있는 모든 사물의 이데아가 있다고 믿었다. 예컨대, 세상에는 많은 종류의 말이나 개들이 있다. 그런데 그것을 말이나 개로 구분할 수 있는 이유는 말과 개의 이데아로부터 만들어졌기 때문이다. 세상에 있는 많은 인간도 결국 인간임을 특징짓는 보편적인 인간 이데아부터 만들어진 것이다.

살펴본 바와 같이 이데아는 본래 윤리학의 이론적 토대를 만들려고 구상한 것으로 선이나 진리와 같은 추상적 단어에 한정적으로 적용되는 개념이었다. 그러다 나중에 수학 구조물과 감각적 사물에까지 적용할 정도로 개념이 확장됐다.

보편적이거나 추상적 개념으로서 선의 이데아는 우리가 단어로만 직관적으로 경험할 수 있다. 선은 도덕과 관련된 모든 덕에 공통적으로 들어 있는 것이다. 용기나 정의 같은 덕목은 보편적인 선에 관여되어야만 의미가 있으므로 참된 선, 즉 선의 이데아는 존재한다. 우리가 그린 선, 면, 원은 감각적으로 그렇게 느낄 뿐 완전하지 못하기 때문에 선, 면, 원과 같은 수학적 개념이 참된 것이다. 마찬가지로 사물에도 원본이 있다. 그래서 이데아란 현상들이 왜곡된 방식으로 보여주는 것들의 원본이다.

이데아와 현실 세계

플라톤은 이데아는 실제로 존재한다고 주장했다.

후대의 학자들은 플라톤이 전혀 관계없어 보이는 두 개의 완전히 다른 세계를 내세운다고 비난하기도 했다. 그도 그럴 것이 하나는 이상적이고 완전한 정신적 세계이고 또 다른 하나는 우리가 감각적으로 알 수 있는 물질적인 세계여서 이 두 세계는 섞임 없이 영원히 분열될 것처럼 보이기 때문이다.

이데아가 정당성을 확보하려면 수없이 존재하는 이데아들 간의 상호 관계 설정이 있어야 한다. 또한, 감각 세상에 있는 우리가 이데아를 어떻게 파악할 수 있는지 설명이 있어야 한다. 완전체로서의 이데아는 그냥 존재할 뿐, 전혀 파악할 수 없는 것이라면 이데아는 우리와 아무런 관계가 없는 것이다.

플라톤에 의하면 이데아는 사물이 존재하는 근거이기 때문에 모든 사물은 각각의 이데아가 있다. 각각의 이데아는 고유의 본성을 지닌 개체이지만 서로 흩어져 고립돼 있는 것이 아니라 관계를 맺고 있다. 이데아는 유사한 분류 형태에 묶여 있고 계층을 이룬다. 예로 동물은 종(種)과 유(類)에 속하여 계층을 이룬다. 동물은 동물의 이데아에 종속되고 동물 이데아는 다시 유기체라는 더 큰 속성의 이데아에 종속된다. 사물 이데아가 맨 아래층에 속하고 위로 올라갈수록 점점 추상적인 것의 이데아가 있다. 층의 최상위에 위치하는 이데아는 선의 이데아다. 선의 이데아는 모든 이데아가 지향하는 이상적인 목표다.

플라톤은 선의 이데아를 태양에 비유함으로써 현실 세계와 연결 짓는다. 태양의 빛은 우리가 세상을 볼 수 있게 해주는 근원이다. 빛이 없으면 어느 것도 볼 수 없어 사물을 분간할 수 없다. 마찬가지로 선의 이데아는 우리가 사물을 인식하는 근거가 된다.

우리가 보기에 이 세상의 만물은 끊임없이 변화하고 움직이므로 영구불변한 것은 없는 듯하다. 그런데 플라톤은 영구불변적 요소가 없다면 우리는 인식할 수 없다고 한다. "꽃이 아름답다"라는 문장을 살펴보자. 우리가 감각하는(보는) 꽃은 세상의 모든 꽃 가운데 하나일 뿐이므로 개별적이고 영구적이 아니다. 그러나 문장 안의 꽃은 보편적이므로 자기 동일적이고 영구적이다. 즉, 우리는 개별 사물을 말할 때도 보편적인 사물 이름을 쓸 수밖에 없다. 이 문장에서 '꽃'과 '아름답다'는 모두 각각 변하지 않는 요소다. 이때 보편적 사물 이름이 이데아이고, 인식의 근거가 된다.

이데아는 만물을 있게 해주는 존재 근거이기도 하고, 가치 근거이기도 하다. 모든 만물은 이상을 추구한다. 그러므로 하위 이데아는 상위 이데아를 추구한다. 가장 상위에 있는 선은 추구되어야 하는 것으로 모든 존재의 행동 목표이며 역으로 모든 존재를 행동하게 하는 원동력이 된다. 최고의 이데아로서 선은 또 다른 것을 필요로 하지 않는 자족한 것이고 완전한 것이다. 그래서 선의 이데아는 인식의 유일한 대상이요 모든 존재의 근거일 뿐 아니라 모든 사물이 나아갈 목표로서 가치의 궁극적 기준이 된다. 플라톤은 선의 이데아를 세상을 설명하는 '통일 법칙'으로 규정하였다.

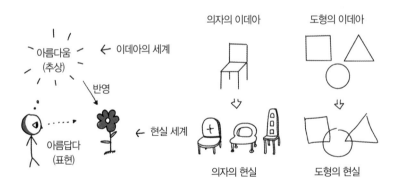

이데아는 사물뿐만이 아니라 보편적이거나 추상적인 개념들인
아름다움, 정의 등을 비롯하여 수학적 개념인 기하학적 도형에도 존재한다.

동굴 속의 우리

플라톤은 이데아를 우리가 파악할 수 있으니 두 세계 간의 연결 고리가 있다고 생각했다. 그러나 이를 인식하는 인간은 매우 드물다고도 했다. 대화편《국가》에 나오는 동굴 우화를 통해 우리는 이데아와 현실 세계의 관계, 두 세계의 연결 그리고 두 세계를 대하는 인간들의 태도가 어떤지 잘 알 수 있다.

동굴 안에 죄수가 갇혀 있다. 죄수들의 손발이 묶여 있어 몸을 제대로 움직일 수 없을 뿐만 아니라 목도 묶여 있어 고개조차 돌릴 수 없다. 그들이 볼 수 있는 것은 오직 그들 앞에 있는 벽뿐이다. 죄수들은 모르지만 이들 뒤에는 사람의 키만 한 높이의 담이 있고 긴 통로로 연결된 동굴 밖에서 사람들이 물건을 들고 다닌다. 동굴 밖을 태양이 비추므로 움직이는 사람들의 그림자가 동굴 안 죄수 앞의 벽에 비친다. 죄수들이 보는 것은 그림자뿐. 이것이 이들이 지각할

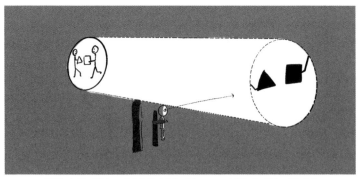

동굴 속의 죄수는 바깥세상이 있는 줄 모르고 불빛에 비친 그림자를
그들의 실제 세상이라고 믿는다.

수 있는 전부다. 죄수들은 그림자가 실제로 존재하는 전부라고 생각할 것이다.

우화는 두 개의 세상을 보여주며, 서로 간 연결 고리가 있다는 것을 알려준다. 이데아의 세계와 우리가 일상적으로 지각하는 세계와의 관계는 동굴 밖 태양이 비추는 세계와 그곳에서 이루어지는 것의 그림자 사이의 관계와 같다. 즉, 우리가 실재라고 믿고 있는 것들은 실재가 왜곡된 그림자에 불과하다. 하지만 그림자는 실재의 어떤 단면을 보여주는 모사품 같은 것이므로 우리가 지각한 것이 완전히 틀린 것은 아니다.

여기까지는 현실과 이데아에 대한 설명이고 우화의 후반부는 이데아의 인식에 관해 설명한다.

죄수 중 한 명이 포박에서 벗어나 밖으로 나가는 길을 찾았다고 가정하자. 평생 그림자가 실재라고 믿었던 죄수는 눈 부신 태양 때문에 어쩔 줄 몰라 할 것이다. 혼란스럽고, 이해되지 않아 자신이 원래 있던 벽 쪽으로 돌아갈 수도 있다. 바깥세상을 이해하는 데 오랜 시간이 걸릴 수도 있다. 이처럼 혼란을 겪겠지만 태양이 비추는 바깥세상이 그림자만 있는 동굴 안의 죄수 세상보다 더 참되다는 것을 확신할 것이다. 새로운 세상을 알게 된 죄수는 동굴 속으로 돌아가 진실을 얘기하지만, 동료 죄수들은 그가 바깥세상에서 눈을 버렸다고 생각한다.

우화로부터 우리는 몇 가지 결론을 끌어낼 수 있다. 갇혀 있는 죄수들이 바깥세상 얘기를 들어도 믿지 못하듯이, 대다수 우리는 이데아를 이해하지 못하고 겉보기에 불과한 세상에 만족하며 살고 있다. 동굴 밖으로 나간 죄수가 바깥세상을 만나듯이 우리는 이데아를 이해할 수 있다. 하지만 이데아의 세계는 오감을 통해 지각될 수 없고 오로지 이성을 통해서만 경험될 수 있다.

우리는 풀려난 죄수가 철학자임을 쉽게 짐작할 수 있다. 소크라테스처럼 이 철학자도 비웃음을 살 것이고 진리를 알기까지 그는 부단히 노력해야 할 것이다. 완전한 이데아의 세계를 깨달으려면 아무리 뛰어난 철학자일지라도 깊고 긴 사유를 통해 단계적으로 감각의 왜곡된 인상에서 벗어나야 한다.

이데아의 추구

플라톤은 우리가 철학자처럼 이데아를 추구해야 한다고 역설한다. 우리 영혼이 이데아 세상과 관계 맺어지도록 인간은 늘 더 높은 이상을 추구해야 한다.

인간의 영혼은 이성(reason), 기개(spirit), 그리고 욕망(appetite)의 세 부분으로 되어 있다. 영혼은 기개와 욕망처럼 상반된 부분을 모두 포함하고 있으므로 완전하지 못하다. 추동력과 감정 같은 기개를 적절히 훈련하면 용기의 원천이 되지만, 충동과 정념 같은 욕망은 단순 욕구라서 이성과 반대로 움직인다. 이데아의 세상에 가까이 가려면 이성은 기개를 북돋우고 욕망을 절제해야 한다. 플라톤은 이성과 기개 그리고 욕망을 마부와 마차를 끄는 두 마리의 천마에 비유한다(대화편 《파이돈》). 두 말은 서로 다른 방향으로 마차를 이끌려고 한다. 한쪽 말은 밝고 높은 세상으로 마차를 이끌려고 하는 한편, 다른 한쪽은 깊은 나락으로 떨어지려고 한다.

마부는 이성을 의미하며 이데아에 대해 알고자 하는 의지다. 하늘로 가려는 말은 이성의 사유를 실행에 옮기려는 기개를 의미하며 나락으로 이끄는 말은 감각적인 부분으로 욕망을 의미한다. 그러므로 이성은 기개를 지향하고 욕망은 복종하도록 명령해야 한다. 이러한 계층적 구조 아래 세 부분이 조화롭게 활동할 때만 이데아에 가까이 가려는 노력이 실현된다.

영혼의 일부분을 적절히 통제해야 하므로 각각의 기능을 완벽하게 만드는 특수한 자질인 '탁월함'이 있어야 한다. 이성은 지혜를 지

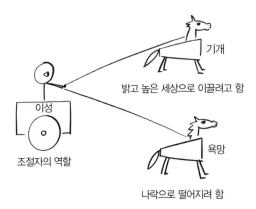

기개

밝고 높은 세상으로 이끌려고 함

이성

조절자의 역할

욕망

나락으로 떨어지려 함

녀야 하며, 기개는 용기를 지녀야 하고, 욕망은 절제가 이루어지도록 해야 한다. 영혼의 각 부분은 서로 밀접하게 연계돼 있어 지혜, 용기, 절제의 조화로운 관계는 필수다. 정의로운 사람은 영혼의 세 부분이 모두 조화로운 상태(탁월함)에서 행동한다. 그러므로 탁월함을 상징하는 '정의'가 네 번째 덕목이다. 이러한 정의, 지혜, 용기 및 절제, 네 덕목은 후대에 기독교 교리에 도입될 만큼 이데아를 추구하는 방법론은 체계적이었다.

이데아와 국가

통합 이론으로서 이데아는 개인의 삶뿐 아니라 국가 운영에도 적용됐다. 정치인을 꿈꿨던 플라톤인 만큼 완벽을 상징하는 이데아는 원래부터 이상 국가에 적용하려던 개념일지도 모른다.

플라톤은 국가의 사명을 개인의 덕과 행복을 도모하는 것이라고 보았다. 개인의 삶에서 가장 중요한 덕은 최상의 이데아인 최고선을 추구함으로써 얻을 수 있는데, 이는 각 개인이 아니라 사회에서 얻을 수 있다고 하였다. 그러므로 국가의 목적은 최고의 이데아를 추구하는 것이어야 한다.

인간 영혼이 이성, 기개, 욕망의 세 가지 위계질서로 구성된 것과 마찬가지로 플라톤이 현실 정치 속에서 실현하기를 원했던 국가 공동체의 위계질서도 세 가지로 구성됐다.

첫째는 욕망을 추구하는 사람들인 '노동자 계급'으로 농업, 어업, 공업 등에 종사하는 사람을 일컫는다. 둘째는 기개로써 무장한 '무사 계급'으로 노동자 계급 위에 있으며 통치자를 돕고 명예를 추구하는 사람들이다. 이들은 국가를 방위하는 일을 담당한다. 마지막으로 마차의 말고삐를 쥔 마부처럼 이성에 해당하는 '지배자'들로서 순수하게 국가를 통치하는 임무를 맡는다.

이성 부분이 욕망을 이기지 못하면 인간이 타락하듯이, 국가도 지배층이 대중이 원하는 것을 슬기롭게 통제하지 못하면 중우정치(다수의 어리석은 대중이 이끄는 정치)에 휘둘리게 된다. 플라톤은 국가의 이성 부분을 지키려고 여러 장치를 마련했다.

국가는 모든 것이 엄격히 규정돼 있다. 노동자 계급은 결혼도 할 수 있고 사유 재산을 가질 수도 있지만 다른 계급과는 달리 어떠한 정치 활동도 할 수 없다. 무사 계급은 국가 방위의 임무를 수행해야 하므로 국가의 통제 아래 군사 훈련, 체육, 음악 등의 교육을 장기간 받으며 심신 수련을 한다. 이들은 임무상 사적인 이익을 추구할 수 없으며 결혼과 재산 소유가 금지된다. 끝으로 무사 계급 중 모든 능력이 뛰어난 인원은 철학, 천문학 등의 교육을 더 받고 장기간 실무 훈련을 한 후, 지도자 계급으로 발탁된다. 이들은 순수하게 국가를 통치해야 하므로 결혼과 사유 재산이 금지된다. 인간 영혼이 조화를 이루어야 한다고 강조했듯이 국가도 세 계급에 속한 사람이 각자 자신의 임무를 성실히 수행해 전 계급이 조화를 이룰 때 올바르게 돌아간다.

국가에서 지도자의 역할은 매우 중요하다. 지도자가 선의 이데아를 알면 실정법에 얽매일 필요 없이 절대권력으로 국가를 올바르게 통치할 수 있다. 그래서 플라톤은 철학자이거나 철학을 하는 사람이 지도자여야 한다고 규정했다. 철학자야말로 최고선의 이데아 원리를 깨닫는 데 가장 가까이 다가설 수 있는 사람이기 때문이다.

플라톤의 이상국가는 절대권력을 추구하므로 오늘날의 독재국가를 연상케도 한다. 그러나 소수의 이득을 추구하는 독재자와 선의 이데아를 깨달은 철학자는 지성이 하늘과 땅만큼 차이가 나므로 그가 얘기한 이상국가는 오늘날의 독재국가와는 거리가 멀다.

이데아 사상에 기반한 국가는 이상국가일 수밖에 없다. 자연스레 이상국가와 함께 유토피아 사상이 만들어졌다. 유토피아란 존재해 본 적이 없어 누구도 가본 적 없는 이상향을 말한다. 이데아 사상은 이상적 사회를 염원하게 했으며 오늘날 이데올로기로 발전하게 되었으니 그의 영향력은 여전하다.

이데아와 우주

이데아는 우주에도 적용됐다. 플라톤은 우주 또한 최고선 이데아를 추구하는 것이 목적인 체계로 그렸다. 플라톤에 의하면 우주 질서는 절대 우연으로 만들어지지 않았다. 우주는 질서정연하게 이성의 지도를 받아 최고선을 향해 운행된다. 신인 데미우르고스(후기 대화편인 《티마이오스》에 등장하는 신)는 선의 이데아를 좇아 원시 카오스를 질서 있는 코스모스로 둔갑시켰다. 신은 우주의 영혼(인간 개개인에게 작용하는 것이 인간 영혼인 것처럼 우주에 작용하는 것이 우주 영혼이다. 인간 영혼은 우주 영혼의 일부다)을 창조해 우주가 존재와 생성 사이에서 균형을 이루도록 하였다.

이렇게 우주의 구조가 만들어져 물질, 감각, 가상의 세계가 생겼다. 그러나 세계가 만들어지기 전에 우주에는 원래 물질을 구성하는 기본 요소가 있었다. 세상의 온갖 물질은 무(無)로부터 창조되지 않고 원래 있던 요소로부터 만들어졌다. 그러므로 데미우르고스의 역할은 창조주라기보다 있는 재료로 우주의 구조물을 만든 건축가에 가깝다. 흥미롭게도 우주 영혼은 잘못된 것, 추한 것 또한 우주에 불러들였다고 플라톤은 얘기한다.

신은 건축가에 가까우므로 이데아가 신보다 앞서지만, 플라톤은 신이 이데아를 창조했다고 하기도 했다. 두 주장은 모순된 것처럼 보이지만, 신과 선의 이데아를 대립시키고자 한 것이 아니라 오히려 둘의 공통점을 강조하려 한 것 같다. 선의 이데아는 '존재 및 인식의 궁극적 원천'이며 신이 세계를 창조하는 데 필요한 전제로서 '가치의 궁극적 표준'이다. 그래서 선의 이데아는 영원한 실재로서 궁극 원리다. 혼돈한 세계에 질서를 부여한 창조자인 신도 역시 영원한 실재요 궁극 원리다. 양자 모두 궁극적 존재라는 점에서 일치하므로 선의 이데아는 곧 신이다. 최상의 이데아로서 선은 자족하고 완전하므로 최고선과 신은 같지 않을 수 없다.

이데아와 신에 대한 관점은 기독교의 기본 신관과 맞아떨어졌다. 그래서 초기 기독교가 들어선 헬레니즘 시대에 중심을 이룬 철학 사조는 플라톤주의였다. 기독교도들은 플라톤의 주요 사상과 기독교의 계시를 조화시키려고 노력했다. 기원후 3세기에 살았던 플로티누스는 플라톤의 사상을 종교적으로 승화시켰다. 그는 플라톤 사상의 신비적인 면을 부각하고 발전시켜 신플라톤주의를 창시했다. 플라톤 사상이 기독교의 교리에 흡수됨으로써 플라톤은 예수 이전의 기독교인이라고 불리기도 했다. 심지어 그의 임무가 기독교의 이론적 토대를 만든 것이었다고 믿은 사람들도 많았다. 그러나 플라톤은 철학적 논증을 통해 이데아라는 결론을 내렸으므로 꼭 신에 대한 믿음이 필요했던 것은 아니다.

이데아의 문제

플라톤은 인간이 살아가는 궁극적 목적이 사물의 겉모습에 이끌리지 말고 내면 깊숙한 곳의 실재를 깨닫는 것이라고 생각했다. 이데아의 세상을 이성적으로 파악하려면 감각 세상은 덧없이 소멸할 뿐이라는 것을 깨달아야 한다고 주장했다.

이처럼 이데아 사상은 감각 세상의 덧없음을 지나치게 강조할 위험이 있다. 그러므로 감각이 중요하게 나타날 수밖에 없는 예술이나 자연과학 분야가 소홀해질 수밖에 없었다. 영구불변하는 원본을 추구하다 보니 플라톤은 자연스럽게 예술을 비하했다. 예술 작품은 자연을 모방한 것에 불과하므로 근본적이 아니라 단지 감각에 호소하는 것일 뿐이라는 주장이다. 더욱이 예술 작품은 이데아를 모사한 세상의 사물을 다시 모사한 것이니 매우 기만적이었다. 예술은 감각 세상의 사물을 매력적으로 보이게 만들므로 세상에 더욱더 집착하도록 유도하는 것이니 사람들에게 해로울 뿐이다. 결국 예술은 우리 영혼을 혼란에 빠뜨리고 이데아의 세상으로 나아가고자 하는 우리 삶의 소명을 방해하는 행위다. 이런 이유로 플라톤은 이상사회를 구축하려면 예술은 허용되지 않아야 된다고까지 주장했다. 이런 관점은 예술을 탄압하고 통제하려는 현대인에게도 근거가 돼 주었다.

그리고 현실 세계에 대한 설명은 또 다른 문제가 될 수 있다. 이데아의 세상과 우리가 접하는 자연 세상은 대척 관계에 있다. 으뜸 원리는 이데아인데 자연은 이

아테네의 플라톤 아카데미아에서 학생들에 둘러싸인 플라톤(모자이크, 기원전 1세기 폼페이 유적 벽화. 나폴리 국립고고학박물관)

데아의 모사일 뿐이므로 우리가 자연에 대해 알려고 하는 노력은 허무해진다. 자연은 허상에 불과하므로 불완전하다. 이성으로 이데 아를 알 수 있으므로 어차피 불완전한 자연 세계를 우리가 굳이 알아야 할 필요가 없다. 그래서 플라톤은 자연과학을 소홀히 했다. 그가 남긴 30여 대화편 가운데 자연과학과 관련된 저작은 《티마이오스》단 한 편뿐이다. 그래서 제자인 아리스토텔레스는 플라톤의 자연과학에 대한 관점을 비판했다.

다른 한편으로 세상 만물을 이해하려는 플라톤의 관점에 주의를 기울일 필요도 있다. 플라톤은 물질세계의 만물 간에 어떤 수학적 관계가 성립된다고 생각했다. 우주는 질서 정연하고 조화로우며 적정의 비율을 유지하고 있으므로 수학 원리로 표현하는 것이 가능하다고 여긴 것이다. 우주적 질서는 눈으로 포착할 수 있는 감각적인 것이 아니다. 정신으로 파악할 수 있고 지성을 통해서만 질서를 드러낸다. 플라톤은 분명 이런 세상은 존재하고, 이를 바탕으로 우리가 감각하는 세상의 모든 실재가 구성된다고 믿었다. 이 또한 이데아 견해로부터 파생된 것이다.

이 생각은 아이러니하게 현대 자연과학의 세계관에 가깝다. 현대 과학에서는 물질이나 에너지 등 감각으로 파악되지 않는 것 모두를 수학 방정식으로 환원한다. 그러므로 우리는 수학적으로 규정된 구조물의 해석을 통해 세상을 파악한다. 수학적 세상에서는 시공간과 에너지, 물체 사이의 경계가 모호해진다. 그런 의미에서 플라톤의 사유는 감각을 중시한 아리스토텔레스의 사유보다 현대과학에 더 가깝다(10장에서 다시 설명한다).

그렇다고 플라톤의 관념론이 바로 현대과학의 원형이라거나, 아니면 플라톤적 사유가 현대과학이 알아낸 바로 그것이라는 말은 절대 아니다. 이데아는 우리의 이성만으로 세상을 이해할 수 있다고 하지만 현대과학으로 오면 실험과 관찰이 세상을 이해하는 올바른 수단이다. 그런 면에서는 아리스토텔레스가 맞다.

아리스토텔레스

(BC384 ~ 322)

세상은 목적을 가지고 움직인다

이데아만 진리가 아니야.
내가 관찰하고 감각한 것도 의미가 있어.
세상은 존재하는 목적이 있고,
그에 맞게 논리적으로 움직이고 있을 거야.
그것을 내가 다 정리해두었어.

플라톤의 제자로서 아리스토텔레스는 스승과 함께 그리스 사상가를 대표하는 인물이다. 세대를 이어 위대한 사유자 둘이 연이어 등장하는 사건은 이 경우 말고 인류 역사상 없었다. 아리스토텔레스의 견해는 후대에 전대미문의 영향을 주었다. 그는 당시 모든 학문 분야를 정리해서 통일성 있는 체계를 수립했다. 그의 학문은 2000년 동안 유럽을 지배했고 그의 체계를 반박하려면 더 포괄적인 이론을 내세우든지, 치명적 오류를 발견하든지 둘 중의 하나를 해야 했다. 물론 매우 어려운 일이었다. 그의 생각은 워낙 그럴듯했고, 대안을 어렵게 하는 통일성과 논리적 일관성을 가지고 있었다. 더 큰 문제는 그의 이론에 대항할 생각 자체를 안 했다는 것에 있을지도 모른다.

이데아를 의심하다

아리스토텔레스는 이데아의 존재를 믿을 만한 타당한 근거가 없다고 생각했다.

어떻게 우리가 알지 못하는데 이데아가 현실 세계의 모든 것에 흔적을 남길 수 있다는 말인지 이해할 수 없었다. 더군다나 이데아는 사물의 변화를 설명하지 못했다. 세상 바깥에 있는 것이 무엇이든 우리가 경험할 수 없으면 그것을 알아낼 방법은 없다. 그러므로 우리가 설명할 수 있는 것은 오직 경험할 수 있는 세상뿐이다. 세상은 끊임없이 변하기 때문에 신비로운 것이고, 이를 깨닫고 이해하는 것이 올바른 방법이다.

아리스토텔레스는 현실 세상이야말로 우리가 지식을 얻을 수 있는 곳이므로 모든 지식은 '경험'에서 출발한다고 결론지었다.

경험을 통해 세상을 이해하고자 한 아리스토텔레스의 바람은 평생에 걸쳐 지칠 줄 모르는 열정과 노력으로 나타났다. 아리스토텔레스가 플라톤과는 달리 경험을 중시한 이유는 그의 성장 배경과 관련이 있다.

그는 어릴 때부터 궁정 의사였던 아버지로부터 동물 등을 관찰하는 법을 배웠다. 어린 시절부터 정확히 자연을 관찰하는 재미를 안 그는 일생 동안 사물을 관찰했다. 아리스토텔레스는 역동적·창조적으로 관찰했고, 관찰을 통해 자신의 이론을 구축하고자 했다. 이런 이유로 그는 플라톤의 천재성을 익히 알고 그로부터 많은 것을 배웠지만 이데아 개념을 받아들이지 못했다. 경험에서 나온 사실을 부인할 수 없었기 때문이다.

경험을 중시한 아리스토텔레스는 전 학문 영역을 넘나들며 구체적으로 탐구했다. 오늘날 물리학, 정치학, 경제학, 심리학, 수사학,

아리스토텔레스의 저서	현대의 분류	
정치학 아테네 정치체계	정치학	사회과학
에우데모스 윤리학 니코마코스 윤리학 대윤리학	윤리학	
영혼에 관하여 기억과 상기 생성과 소멸	심리학	자연과학
자연학 천체에 관하여	물리학	
동물발생론 동물학 동물 움직임에 관해 동물 부분론	생물학	
기상에 관하여	지구과학	
형이상학	철학	인문학
범주론 명제론 분석론 전, 후서 변증론 소피스트적 논박	논리학	
시학 수사학	예술	

아리스토텔레스가 남긴 저작을 오늘날 학문에 따라 분류한 표. 아리스토텔레스는 학문 체계를 처음으로 세웠을 뿐만 아니라 당시 존재한 모든 학문을 망라했다.

윤리학, 기상학, 생물학, 생리학, 논리학, 형이상학이라 불리는 학문은 모두 그로부터 시작했다. 무엇보다도 그의 가장 큰 공헌은 학문의 전제가 되는 논리학을 창시한 것과 자연과학을 학문의 궤도에 올려놓은 것이다.

논리학은 타당한 추론과 타당하지 않은 추론의 형태를 비교 연구하는 것이다. 논리적인 명제란 어떠해야 하는지를 규정함으로써 다른 학문을 수행하는 데 기초가 됐다. 자연과학은 경험과 관찰을 통한 탐구를 중시한 결과다. 그의 자연과학 분야는 물리학, 천문학, 기상학, 동물학 등 매우 다양하고 그의 모든 저작 가운데 60퍼센트 이상을 차지할 정도로 방대하다. 관찰을 통한 연구는 감각을 배척한 플라톤의 연구와 반대 방향에 위치해 있다.

이데아와 유사하면서 다른 '형상'

아리스토텔레스는 논리적이고 정당한 논증을 통해 이데아 개념을 반박하려 했다. 그러려면 무엇보다 이데아 개념을 사용하지 않고 사물의 본질과 존재의 의미를 말할 필요가 있었다. 여기서 말하는 사물은 생물일 수도 있고 무생물일 수도 있는데 그것들은 각각 하나의 존재들이다. 아리스토텔레스는 이를 '물질'과 '형상'이라는 개념으로 설명한다.

예를 들어, 철수의 몸을 구성하고 있는 건 물질이다. 그래도 우리는 철수를 그 물질로 부르지 않는다. 철수의 몸을 이루고 있는 세포와 같은 물질은 계속 변하지만, 철수는 철수로서 평생을 살아간다. 그렇다면 철수라는 사람을 특징짓는 그 무엇은 물질이 아니고 뭔가 다른 특질이다.

얘기를 확장해 사람이라는 종을 생각해보자. 사람을 사람이라고 구분하는 것은 모든 사람이 같은 물질로 구성되었기 때문이 아니다. 사람은 다른 동물 종과 구분되는 특정 조직과 구조 때문에 사람으로 구분된다. 무생물도 마찬가지다. 의자는 다리가 네 개, 두 개 또는 한 개인 것도 있고 나무, 플라스틱, 가죽 등 재질 또한 매우 다양하다. 하지만 의자가 어떻게 생겼든, 어떤 물질로 만들어졌든 우리는 의자를 의자라고 한다. 우리가 의자를 의자로 구분하는 이유는 구조와 생김새가 다른 사물과 다르기 때문이다. 이처럼 어떠한 사물도 그 사물을 특징짓는 공통요소가 있다.

아리스토텔레스는 사물을 구별할 수 있는 그 무엇을 '형상(eidos, 에이도스)'이라고 했고, 사물은 무엇이든지 그 형상으로 존재한다고 하였다. 여기까지 들으면 플라톤의 이데아와 형상의 차이점을 알 수 없을 것이다.

물론 아리스토텔레스가 플라톤의 제자였기에 형상이라는 개념을 생각했을 수도 있다. 원래 플라톤은 이데아와 에이도스란 단어를 같이 사용하였다. 존재에 관하여 논할 때는 이데아를, 인식의 관점에서는 에이도스를 사용했다.

그러나 아리스토텔레스가 말하는 형상은 시공을 초월해 독립적으로 존재하는 이데아가 아니다. 플라톤은 이데아를 이성의 활동으로만 파악할 수 있고 실재하는 것이라고 했지만, 아리스토텔레스는 형상을 인간 스스로 사물을 여러 번 본 경험이 점진적으로 쌓여 특정 사물의 공통적 특징이 지식화한 결과라고 했다. 다양한 사물을 감각하면서 그 사물의 형상이 무엇인지에 대한 개념을 정립한 것이다. 사물의 형상은 물질적이 아니라 세상의 사물이 모두 가지고 있는 본질적인 요소다. 정의나 덕과 같은 추상적인 개념도 동떨어진 이데아가 있는 것이 아니라 다양한 사례를 경험하면서 습득하게 된다고 아리스토텔레스는 생각했다.

네 가지 원인

그런데 형상이 사물을 특징짓는 본질적인 요소라고 해도 형상이 사물이 존재하는 유일한 원인이 될 수는 없다. 사물이 존재하는 이유를 확실히 말하려면 그것이 무엇으로 만들어져 있는지, 그것이 되게 하는 것이 무엇인지, 그것의 형태를 만든 것이 무엇인지 알아야 한다. 즉, 어떤 사물이 있다는 것은 그 사물이 만들어진 과정이 있다는 뜻이니, 그것을 알아야 한다.

이러한 아리스토텔레스의 생각은 매우 획기적이었다. 세상 모든 사물의 변화를 법칙으로 설명하려 했기 때문이다. 아리스토텔레스는 사물이 생성하고 변화하는 데 네 가지 원인이 작용한다고 봤다. 그 네 가지 원인은 질료, 작용, 형상 그리고 목적의 네 가지로 구분한다. ① '질료의 원인(질료인)'은 그것이 무엇으로 이루어져 있는지 또는 무엇으로 만들어져 있는지의 원인이다. ② '작용의 원인(작용인)'은 그것을 그렇게 만든 작용의 당사자 또는 행위의 원인을 의미한다. ③ '형상의 원인(형상인)'은 그것의 모양이나 형태, 즉, 그것이 어떠한 물리적 특성을 가지게 되었는지의 원인을 말한다. ④ '목적의 원인(목적인)'은 그것이 존재하는 목적이 무엇인지를 의미한다.

질료인 　　　 작용인 　　　 형상인 　　　 목적인

나무 의자의 4 원인. 질료는 목재, 작용인은 목수이고
형상인은 의자의 생김새, 목적인은 앉는 데 쓰는 것이다

　법칙 가운데 '목적의 원인'이 가장 중요하다. 아리스토텔레스는 세상의 모든 현상은 일어나는 목적이 있고, 모든 사물은 존재하는 목적이 있다고 생각했다. 목적인은 사물이 존재하는 궁극적 이유로서 으뜸 법칙이다. 나무 의자를 생각해보자. 나무 의자가 존재하는 목적은 앉기 위함이다. 의자는 하나의 완성품이 되기까지 여러 단계를 거친다. 우선 나무라는 재료가 있어야 하고, 나무 막대를 다

듬고 꿰맞추는 작업이 필요하며 어떤 모양으로 만들 것인지 설계도 해야 한다. 그러므로 나무 의자의 질료인은 나무이고, 작용인은 의자를 만드는 장인이고, 형상인은 의자의 형태 또는 생김새이다.

원래 목적론적 세계관은 플라톤의 중심 사상이었다. 하지만 아리스토텔레스의 세계관은 플라톤과는 다르다. 플라톤은 목적을 데미우르고스(신)가 자연에 부여한 것이라고 생각했지만, 아리스토텔레스는 자연의 본성이라고 생각했다.

네 원인 체계는 세상의 모든 것에 적용할 수 있다. 변화는 인공적으로 만들어진 사물에서만 일어나는 게 아니다. 물체가 운동하거나, 동식물이 성장하거나 부패, 더 나아가 생식하는 것도 변화다. 네 원인 체계는 때때로 형상인과 목적인이 같거나 질료인을 제외한 세 원인이 같을 수 있지만 모든 변화를 설명한다. 예를 들어 씨가 식물로 자라날 경우, 성장한 식물은 형상인이자 목적인이다. 형상은 다 자란 식물의 형태이므로 식물이고 씨가 자란 목적은 식물이 되기 위해서이므로 목적인도 식물이다. 또 질료인은 씨앗이고 작용인은 식물이 자라는 데 필요한 양분이다. 이런 식으로 세상에서 일어나는 모든 변화를 네 원인으로 설명할 수 있다.

네 원인 개념 덕분에 우리는 아리스토텔레스의 형상과 플라톤의 이데아가 질적으로 다름을 알 수 있다. 형상이란 사물에 반드시 있어야 하는 본질적인 요소이지만 물질적인 것은 아니다. 그러므로 형상은 사물 안에 같이 있는 것이지, 사물과 분리하여 존재하지 않는다. 우리가 세상을 이해하려고, 이 세상과는 다른 완벽하고 영원한 또 다른 세상을 만들 필요는 없다. 이해는 현실 세상에 바탕을 두는 것으로 충분하다. 아리스토텔레스의 방법은 이데아 이론과 다른 방식으로 사물이 무엇인가를 이해하게 해줄 뿐 아니라 이데아 이론이 해결하지 못한 변화의 문제도 설명한다.

아리스토텔레스는 네 가지 원인이 있듯이, 지구의 물질은 흙, 물, 공기와 불의 네 가지 원소로 구성되어 있다고 '정리'했다. 4원소설은 기원전 5세기의 엠페도클레스가 처음 제기한 것인데, 아리스토텔레스가 이를 발전시켰다. 4원소설은 직관적으로 이해하기 쉽다. 원소는 서로 변환될 수 있으며 모든 물질은 원소가 서로 다른 비율로 조합돼 만들어진다. 원소는 저마다의 독특한 성질이 있으며 연계돼 있다. 흙은 마르고 차다. 물은 차고 축축하다. 공기는 축축하고 뜨겁다. 불은 뜨겁고 말랐다. 예를 들어, 차고 축축한 물을 끓이면 축축하고 뜨거운 공기가 된다.

이데아 우주와 결별

아리스토텔레스는 하나의 통일 법칙으로 모든 현상을 설명하려 했다. 우주론은 지구 밖 별들의 세계와 지구를 모두 합쳐 조화롭고 체계적으로 만든 완전체다. 플라톤이 이데아를 일종의 통일 법칙이라 생각한 것과 유사하나 훨씬 더 체계적이고 논리적이다.

여기서도 플라톤의 이데아론에 입각한 관점과는 매우 다른 점이 발견된다. 플라톤에 의하면 지구는 변화무쌍하며 역동적이지만, 별들의 움직임은 정해져 있어 영원불멸하고 조화롭기까지 하다. 두 세계의 본성은 매우 다르다. 우리는 별들의 운행이 다음과 같다는 것을 안다. 별과 태양 그리고 달은 매일 동쪽에서 떠서 서쪽으로 이동한다. 별들 사이의 거리가 절대 변하지 않으면서 움직이는 붙박이별이 하늘에 꽉 차 있다. 그런데 수성, 금성, 화성, 목성과 토성 등 다섯 개 행성은 붙박이별과는 다르게 움직인다. 태양은 24시간마다 지구를 한 바퀴 돌아 시간의 기준이 된다. 달의 운행 또한 정교해 이를 바탕으로 달력을 만들 수 있다.

플라톤은 천체가 기하학적 조화 및 수학적 규칙성에 따라 운동한다고 말했다. 천체의 운행은 완벽하고 시작과 끝이 없는 원을 그리며 운동한다. 그런데 행성들의 역행운동을 하므로(지구에서 관측되는 행성은 계속 같은 방향으로 돌다가 어떨 때는 잠시 반대 방향으로 움직인다. 지구와 바깥 행성의 공전주기 차이 때문에 생기는 겉보기 운동이다) 별의 운동이 반드시 규칙적이고 조화로운 것은 아니다. 플라톤은 이에 대해 단지 겉으로 보기에 불규칙할 뿐이며 이면에 행성 운동의 규칙성이 존재한다고 했다.

이데아적 관점은 행성의 역행운동을 실제로 이해하려 하기보다 이데아의 뒤에 숨기므로 지식이 발전하는 것을 가로막는 역할을 한다. 반면 아리스토텔레스는 역행운동도 관측되는 그대로 설명하려

했다. 변화무쌍하고 역동적인 지구상의 세계도 사실 그대로 받아들여 판이한 두 세계를 조화롭게 통합하려 시도하였다.

아리스토텔레스의 우주론은 지구와 별들의 세계가 서로 조화롭게 어울리는 구조다. 거기에 관련된 모든 자연 현상을 함께 담고 있어 물리학으로 가득 차 있다.

지구를 둘러싼 천구들

우주는 맑고 투명한 고체로 된 천구들로 이루어진 구조다. 우주의 중심에 지구가 있고 지구를 둘러싼 여러 천구가 동심원 형태로 배열돼 회전하고 있다. 지구의 변화무쌍과 천상의 불변이 상반되는 개념일지라도 지상의 4원소설, 4원인, 물체의 운동, 무진공 개념(우주에는 빈 곳이 없다는 개념) 등 온갖 장치를 집어넣어 체계적으로 엮었다. 지구는 하나의 동심구가 아니고 네 원소가 무거운 순서대로 배치되는 동심원의 층이다. 흙과 물은 무거워 지구의 중심을 향해 낙하하고 공기와 불 등 가벼운 원소는 상승한다. 그래서 무겁고 가벼운 순서대로 층을 이루었다. 가장 무거운 흙이 지구 중심을 감싼 채로 있고, 물이 흙의 동심구를 감싸고 있어 지구 표면을 형성한다. 공기층과 불의 층이 차례로 대기층을 이루고 있다. 맨 바깥 원소인 불이 올라갈 수 있는 한계 지점은 달이다. 그러므로 달까지가 지상 세계의 끝이다.

지구상에서 일어나는 온갖 현상은 네 개의 층이 불안정해 일어난다. 네 원소는 각각 원래 있어야 할 장소가 있으나, 다양한 변화 때문에 서로 섞이는데 이러한 변화는 지표면에 이를수록 빈번해진다. 원소들의 완전한 혼합물이 무생물이고, 지표면 가까이의 기상 현상은 원소들이 불완전하게 혼합돼 일어난다. 하늘의 기상 현상은 회전하는 달의 천구가 맞닿아 있는 불과 마찰해 일어난 것이며 태양의 영향을 받는다.

아리스토텔레스는 차고 습한 습도와 뜨겁고 건조한 온도에 근거를 둔 원소론을 바탕으로 지구에서 일어나는 모든 자연 현상을 설명한다. 대기 상층부에서는 유성, 오로라, 구름, 혜성 및 은하수 등의 현상이 일어나며 하층부에서는 비, 구름, 안개, 이슬, 서리, 눈, 우박 등의 현상이 일어난다. 지표면 근처에서 일어나는 현상으로 강, 홍수나 바다 등이 있고 바람, 지진, 천둥, 번개, 폭풍 및 벼락 등이 있다. 햇무리, 달무리, 무지개 등은 특별 현상으로 취급했다. 땅속에서는 습하고 마름에 따라 금속과 화석이나 석회암 등이 생성된다. 유성이나 혜성은 상층 대기의 증기와 같은 것으로 여겼다.

달 너머부터 별들이 있는 천상 세계가 시작돼 수성, 금성, 태양, 화성, 목성, 토성이 차례대로 각자의 천구에 박혀 있고 맨 바깥쪽의 가장 큰 천구에 수많은 별이 고정돼 있다. 이들은 천구의 회전에 따라 움직인다. 모든 천구는 서로 연결돼 있어 바깥쪽의 천구가 움직이면서 인접해 있는 천구를 움직이게 한다. 이렇게 동력원이 차례로 안쪽으로 전달돼 회전한다. 지상은 네 원소로 이루어져 있는 데에 비해 천상은 에테르라 불리는 제5의 원소가 우주 공간을 가득 채우고 있다. 에테르는 무겁지도 가볍지도 않아 위 또는 아래로의 직선운동을 하지 않고 지구 주위를 영원히 도는 원형 운동만 한다. 우주 전체는 비어 있는 공간이 전혀 없는 구조이므로 붙박이별이 있는 천구 바깥쪽은 우주의 가장 바깥이다. 그러므로 우주는 유한하다. 이로써 지상과 천상은 동심구의 집합체로서 완벽한 하모니를 이룬다.

중세의 아리스토텔레스 우주도. 4 원소가 차례로 동심원을 이룬 지구, 달, 수성, 금성, 태양, 화성, 목성, 토성의 천구와 붙박이별의 8번째 천구 그리고 8번째 천구를 움직이게 하지만 자신은 외부로부터 동력을 받지 않는 9번째 마지막 천구가 그려져 있다.

각 행성의 궤도와 역행까지 고려한 천구는 수십 개에 이른다. 아리스토텔레스는 행성의 개수만큼 천구를 고려한 것이 아니라 행성의 운동을 설명하려면 수십 개의 천구가 필요했다. 완벽한 운동은 원운동이므로(플라톤의 원운동과 같은 생각) 기하학적으로 역행운동의 형태를 만들려면 수십 개의 천구가 필요했던 것이다.

그런데 각 천구는 인접한

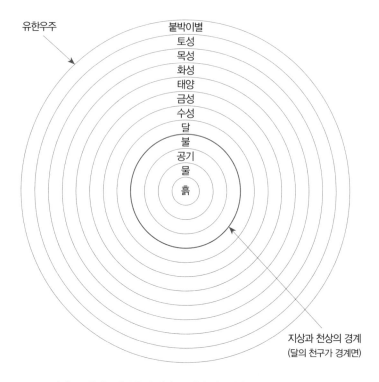

유한우주

붙박이별
토성
목성
화성
태양
금성
수성
달
불
공기
물
흙

지상과 천상의 경계
(달의 천구가 경계면)

아리스토텔레스 우주론의 개략도. 달이 지상과 천상의 경계가 된다.

더 큰 천구의 회전 동력을 전달받아 회전하는데 맨 바깥 하늘은 그 바깥에 다른 천구가 없으므로 동력원이 없다. 아리스토텔레스는 무엇이든 동력원이 있어야 움직인다고 믿었으므로 맨 바깥 천구는 신에 의해 움직인다고 설명했다. 여기서 신은 자신은 움직이지 않으며 다른 물체를 움직이게 하는 것('부동의 원동자'라고 한다. 아리스토텔레스의 이론에 따르면 신이 움직인다면 신을 움직이게 하는 무엇인가가 더 필요하게 된다)이다. 바깥 하늘의 운동은 신의 작용이다. 반면 태양과 달, 행성 등의 고유 운동은 첫째 하늘과는 달리 신의 운동이 아니고 천구에 작용하는 별개의 다른 천구가 작용인이다.

물리학의 탄생

천구가 회전하는 원리가 맨 바깥의 천구가 움직이면서 동력을 인접 천구에 전달해 차례로 안쪽으로 전달되는 형식이듯이 물체는 움직이려면 반드시 접촉이 있어야 한다.

A와 B 두 물체가 있다고 가정하자. B 물체가 움직이려면 반드시 A 물체가 B 물체에 닿아 있는 상태여야 한다. 천구 역시 회전하려면 서로 접촉한 상태여야 하므로 우주는 텅 빈 곳이 없다.

아리스토텔레스가 우주에 텅 빈 공간이 전혀 없다고 주장한 이유는 진공은 있을 수 없다고 믿었기 때문이다(진공 상태는 17세기가 돼서야 토리첼리의 실험으로 증명됐다). 물체는 공기 중에서보다 물속에서 떨어질 때 속도가 느려진다. 이 때문에 물체의 속력은 매질의 농도가 클수록 느려진다고 생각했다. 그런데 매질이 아예 없다면, 농도가 0이 되므로 속력은 무한대가 될 것이다. 무한대는 물리적으로 의미가 없으므로 진공은 존재할 수 없는 것이다. 그래서 우주는 에테르로 가득 차 있으며 맨 바깥 천구의 바깥은 더 이상 우주가 아니다.

아리스토텔레스는 네 원소 개념을 바탕으로 물체의 운동을 설명한다. 하강하는 물체는 지구의 중심을 향하고 상승하는 물체는 지구 중심에서 멀어지는데 두 운동 모두 직선운동이다. 물체가 하강하는 이유는 무겁기 때문이고 반대로 가벼우면 상승한다. 그러므로 물체의 직선운동은 무거움과 가벼움이 '목적인'이다. 여기서 무거움과 가벼움은 운동의 본성이므로 더 무거운 물체는 먼저 떨어진다. 외부로부터 힘을 받아 강제된 운동의 궤적은 직선이 아니다.

아리스토텔레스는 힘에 대한 개념을 먼저 세운 다음 물체의 운동 법칙을 정리했다. 물체에 힘을 주면 움직인다는 사실에서 출발해 힘과 다른 물리량의 관계를 알아냈다. 질량이 무거울수록 물체를 움직이기 힘들므로 힘은 질량의 크기에 비례한다. 더 큰 힘을 받은 물체는 더 멀리 가서 멈춘다. 힘을 더 주면 같은 시간에 움직인 거리가 더 멀다. 그러므로 힘은 단위 시간당 거리에 비례하는데 단위 시간당 거리가 바로 속력(또는 속도)다. 아리스토텔레스는 이러한 사실로부터 힘은 질량과 속도의 곱에 비례한다고 정의했다.

힘을 F, 질량을 m, 속력을 v로 표현하면 $F=mv$가 된다. $F=ma$로 표시되는 뉴턴의 운동학과 대비된다(a는 가속도).

지구상 어디에서도 움직이는 물체는 결국 정지하므로 이 식이 상식적으로 맞지만. 아리스토텔레스는 중력의 존재를 몰랐고 지구상의 모든 물체가 마찰력 때문에 정지한다는 사실을 알 길이 없었다.

생물이 움직이는 이유

'우주론'과 '물리학'은 무생물의 변화 체계를 목적론적 관점에서 기술한 것이다. 아리스토텔레스는 생물에 대해서도 같은 관점을 보였다. 그러나 네 원인에 준거했더라도 생물만이 가진 특징 때문에 무생물과는 질적으로 다르게 설명한다. 무생물과 달리 생물은 스스로 움직이는 능력이 있다. 아리스토텔레스는 움직이려면 움직이게 하는 다른 무엇이 있어야 한다고 생각했다. 움직이는 것은 육체이고 움직이게 하는 것은 영혼이므로 전자는 질료에, 후자는 형상에 대비된다. 질료(재료)를 이용해 어떤 형상을 가진 사물이 만들어지니까 질료의 목적은 형상이다. 질료의 목적이 형상이므로 육체의 목적은 영혼이다. 그래서 육체는 영혼의 도구다.

영혼은 모든 생명체가 가지고 있는 고유의 생존 능력이다. 영혼은 영양 섭취, 감각과 지각, 욕구 및 사고와 관련돼 있지만 모든 생물이 같은 영혼을 가지고 있지는 않다. 식물이나 동물 또는 인간 각자는 여러 단계의 다른 활동 능력을 갖추고 있다. 생물 중 가장 낮은 단계인 식물의 기능은 영양 섭취와 종의 번식, 두 가지뿐이다. 동물은 식물이 가지고 있는 기능에 감각적 지각과 움직일 수 있는 능력이 더해진다. 동물과 인간의 인식은 지각을 통해 감각적으로 아는 것에서 시작한다. 이렇게 아는 것은 감각 기관 고유의 감지 능력과 감각 대상 고유의 감지될 가능성이 동시에 실현돼 일어난다. 좀 더 구체적으로 설명하면 지각이 상상력을 기반으로 이미지를 만들면 그것이 기억 속에 잔상으로 보존된다.

동물과 비교해 사고 활동과 사고에 관련한 여러 능력이 더 있기에 인간 영혼은 여타 생물의 영혼보다 우월하다. 그래서 영혼은 양분을 섭취하는 식물적 영혼, 느끼는 동물적 영혼, 사유하는 인간적 영혼으로 구분한다. 각 단계 중 높은 단계는 낮은 단계의 영혼 없이 존재할 수 없다. 이처럼 식물과 동물 그리고 인간에 이르기까지 계층적으로 분류한 아리스토텔레스의 탐구를 '자연의 단계'라 부른다.

인간 ◄──
　　　└─┐
　　　　+이성
동물 ◄──┘
　　+감각 ──┘
식물

아리스토텔레스의 동물에 관한 연구를 접하고 나면 그가 타고난 자연주의자라는 것을 알 수 있다. 아리스토텔레스는 계획을 세우고 치밀하게 관찰해 동물에 관한 많은 사실을 알아냈다. 각 동물의 특징, 유사점과 차이점을 식별해 동물을 체계적으로 분류했다. 그는 500여 종의 동물을 해부학 및 생리학적으로 묘사한 《동물사》, 동물의 여러 신체 부위를 구조 분석한 《동물의 신체 부위에 관하여》와 동물의 번식에 관한 《동물 생성에 관하여》 등 여러 자료를 남겼다. 그가 만든 동물 분류 방식은 오늘날까지 통용되고 있다. 기록을 살펴보면 최소한 50여 종의 동물을 해부했고 인간의 배아도 해부한 것으로 확인된다. 특히 병아리의 부화 과정을 관찰해 후성설(생물이 단순한 상태에서 복잡한 상태로 발전했다는 학설)을 주장했는데, 이는 매우 뛰어난 관찰력과 판단에 의한 것으로 인정받는다.

논리학과 삼단논법

아리스토텔레스의 '자연과학'은 특정 분야에 국한되지 않고 자연현상에 관한 모든 것을 체계적으로 담은 것이다. 물리학이든 동물학이든 어느 분야든 그가 과학을 하는 방법은 같다. 관찰하고 조직하고 이성적으로 사고해 결론을 도출하는 것이었다. 물론 자유낙하와 같은 현상은 이론적 추론에 바탕을 두었지만, 그의 과학적 방법론은 확고했다. 당시 자유낙하는 관찰할 수 없었으므로 추론에 의지할 수밖에 없었을 것이다. 자유낙하는 오늘날에도 특수 장비를 갖춘 실험실에서만 실험할 수 있다.

아리스토텔레스는 세상을 이해하고자 기존 철학자들이 옹호한 순수한 추론에 과학적 방법을 도입한 첫 번째 인물이다. 더 나아가 관찰한 데이터를 바탕으로 결론을 도출하는 논리적 방법론을 처음 구축했다. 아리스토텔레스는 자신의 이론을 이성적으로 논증하고자 했으므로 선대 철학자들의 단순 추론이나 소크라테스의 변증술에 만족하지 않았다. 대신 이론을 논리적으로 체계화된 틀 안에서 구성하는 지침서로서 '논리학(참과 거짓을 따지는 학문. 수학 등이 이에 해당한다)'을 만들었다. 논리학의 핵심은 논리적 결론 도출이다.

아리스토텔레스 논리학은 단계적으로 쉬운 것에서 어려운 것 순으로 구성돼 있다. 문장을 다루는 《범주론》, 명제를 다루는 《명제론》, 삼단논법을 다룬 《분석론 전, 후서》가 있고, 변증술을 다룬 《변증론》과 《소피스트적 논박》이 있다. 이를 총칭하여 '오르가논'이라 부른다.

아리스토텔레스의 논리학은 먼저 단어에서 시작해 문장과 명제를 다룬다. 이를 바탕으로 복합적으로 구성된 명제를 참과 거짓의 관점에서 논한다. 특정한 전제에서 시작해 새로운 결론에 도달하는 논리 체계인 '삼단논법'이 핵심이다. 일반적으로 삼단논법은 보편적인 대전제, 특수한 소전제와 결론으로 구성된다. 삼단논법은 각각 다른 형태의 전제와 결론을 조합할 수 있으므로 그중에 타당한 논증이 어떤 것인지를 따진다. 아리스토텔레스는 논리학의 추론을 이용해 구체적으로 관찰할 수 있는 대상과 상관없이 항상 타당한 사실을 얻어내려 했다.

아리스토텔레스의 논리학은 최근까지 유효성을 널리 인정받았다. 19세기 말에 들어서야 그의 논리학에서 다루지 않았던 것이 연구되었을 뿐이다. 그의 논리학은 학문을 공부하는 데 필요한 예비적 학문으로서의 성격이 짙다. 덧붙여 아리스토텔레스가 논리학을 만든 것은 학문의 당위성을 주장하기 위함이었다. 그가 구축한 방대한 학문 체계를 옹호하고 특히 자연과학 체계의 타당성을 논리적으로 밝히려 사용한 것이 논리학이다. 논리학이 학문의 탐구 결과가 어떤 과정을 거쳐 추론됐는지를 설명하며 동시에 올바른 추론과 그렇지 않은 추론을 구별하는 방법론을 제시하기 때문이다.

예술을 인정하다

아리스토텔레스의 반이데아적 관점은 예술에 대한 평가에서도 두드러지게 나타난다. 아리스토텔레스는 플라톤과 달리 예술의 가치를 인정하고 있다. 어린이가 모방하며 성장하듯이 모방도 가치가 있다는 것이다. 장르에 따라 무엇을 사용하느냐가 달라질 뿐, 예술은 모방으로 이루어진다. 목소리와 언어를 사용하면 시나 음악이 될 것이고 형상과 색깔을 수단으로 삼으면 미술, 리듬이면 춤이 된다. 예술은 모방(미메시스)을 통해 쾌락을 얻는다. 자연을 모방한 작품으로부터 자연과 유사함을 발견하며 즐거워하므로 이는 쾌락이다. 예를 들어, 현실에서 항상 보아왔던 사물을 그림으로 볼 때 느껴지는 감흥이 쾌락에 속한다. 그의 예술론인《시학》은 문학과 연극을 논의한 것인데 후대에 지대한 영향을 끼쳤다. 《시학》은 비극만 다루었는데 항간에는 희극을 다룬《시학》도 존재할 것이라는 풍문이 있다. 실제로《시학》2편을 찾으려는 시도들이 있었고, 움베르토 에코는 이를 소재로 삼아《장미의 이름》이란 소설을 쓰기도 했다.

시문학은 누구를 대상으로 삼느냐에 따라 비극과 희극으로 갈린다. 전자는 질적으로 높은 사람을 대상으로 하는 것이고 후자는 저급한 사람들의 몫이라고 주장한다. 이런 인식이 지금까지도 내려오는 듯하다. 요즘 사람들도 코미디를 수준 높은 무엇이라고 생각하지는 않지만, 비극은 수준 높은 무언가가 있다고 생각한다.

아리스토텔레스는 비극은 훌륭한 사람들을 모방하는데 실제보다 더 훌륭하게 묘사해야 한다고 말한다. 이러한 기법은 일반적으로 예술 전체에 적용된다. 그래서 예술가는 사실을 모방하되 거기에 아름다움을 더해야 한다.

비극은 서술 형식이 아니라 드라마 형식으로 관객이 주인공의 비극적 운명을 보며 연민과 두려움을 느끼도록 한다. 플라톤은 이 감정이 워낙 강렬한 나머지 이성이 통제할 수 없도록 할 뿐 아니라 과도한 열정에 빠뜨리므로 경계해야 한다고 비난했다. 그에 비해 아리스토텔레스는 시적인 비극이 삶을 통찰하게 해준다고 생각했다. 감정이 오히려 사람의 마음을 정화하는 역할을 하기 때문이다. 희극을 볼 때와는 달리 비극을 볼 때 느끼는 정서적 경험을 아리스토텔레스는 연민과 두려움을 통한 정화, 카타르시스라고 했다. 《시학》에 등장하는 미메시스, 반전, 카타르시스 등의 용어는 오늘날에도 관련 예술 분야에서 중요하게 사용한다.

개인과 사회

아리스토텔레스의 윤리학은 후대의 도덕철학에 큰 영향을 끼쳤는데 크게 개인과 사회 분야로 나뉜다. 그의 윤리학은 인간이 행복을 어떻게 추구할 것인가에 방점을 두고 실천을 강조하므로 매우 실용적이다. 윤리 이론을 '최고선'에 어떻게 도달할 수 있는지 방법론적 시도로서 고려하지만, 플라톤의 접근 방식과는 매우 다르다. 플라톤은 '금욕주의'를 중시하고 아리스토텔레스는 과하지도 않고 모자라지도 않는 '중용'을 중시한다. 이 또한 그의 경험 중심의 사상에서 비롯됐다.

덕의 범위를 극단적으로 좋음(선)과 나쁨(악)으로 나누지 않고 최적화된 중간에 두었다. 아리스토텔레스는 균형 잡힌 삶을 유지하는 게 최선이라고 말한다. 용기는 덕이지만 극단으로 치우치면 무모함이 되고 다른 극단으로 치우치면 비겁함이 된다. 이처럼 공허와 자학 대신에 중간인 자기 존중을, 방탕과 비열함 대신 중간인 관용을, 뻔뻔함과 두려움 대신에 중간인 예의를 취하는 것이 삶을 행복하게 하는 길이라고 설파한다. 아리스토텔레스의 윤리학에는 무엇을 어떻게 해야 한다고 하는 규범적 제한이 거의 없다. 대신 중용을 실천하라고 제안하고 있다.

'행복'이란 객관적인 관점에서 삶의 가장 바람직한 방향을 의미한다. 행복은 덕을 따르는 영혼의 활동이고, 행복한 삶은 우리 능력을 잘 계발하고 연습해 훌륭한 사회생활을 영위하는 것이다. 그래서 도덕적인 삶보다 성공적인 삶을 더 중요하게 여긴다. 타인과 갈

비겁함 ◀——————— 용기 ———————▶ 무모함

등을 불러일으키는 지나친 방종과 궤를 벗어난 자기주장은 인성에 안 좋은 영향을 끼치므로 자제해야 하고, 지나친 절제 또한 멀리하고 관조하는 삶을 택하라고 권한다. '관조'하는 삶이야말로 이성적인 삶이기 때문이다.

그런데 개인의 행복은 홀로 성취할 수 없고 사회에 속해 있을 때 가능하다. 그래서 아리스토텔레스는 국가가 개인의 행복과 발전을 이뤄줘야 한다고 주장한다. 국가의 의무는 국민이 행복하고 명예로운 삶을 추구하도록 하는 것인데, 이 의무는 통치자들이 어떻게 행동하는가에 달성 여부가 달려 있다. 국가는 국민이 저항하지 않도록 적절한 정의와 평등의 기초 개념을 세워야 한다. 정치 체제에 따라 정의와 평등 개념이 다를 수 있기 때문이다. 예를 들어 과두정치(소수가 정치·경제적 권력을 독점하고 행사하는 정치 체제)는 소수의 이익을 추구함으로써 모두가 불평등하다고 생각되는 경향이 크며, 이와는 대조적으로 민주정치는 시민에게 권력이 분산돼 있으므로 절대적으로 평등하다는 경향이 커질 수 있다.

불협화음을 낳으면 과두정치나 민주정치 모두 혁명을 유발하는데, 어떤 경우에 혁명이 일어나는지 원인을 알면 국가는 적절히 예방할 수 있다. 왕은 포악하지 않아야 하며, 귀족정의 귀족은 소수의 부유 및 이득을 위해 정치하지 말아야 한다. 다수자가 참여하는 민주정은 유능한 사람들이 되도록 많이 정부에 참여하도록 해야 한다.

그러나 가장 중요한 것은 모든 국민이 법률을 따르도록 하는 것이다. 그는 이상국가보다 현실적으로 가능한 국가를 말한다. 실용적인 그의 가치관은 학문 전체를 관통한다.

갈릴레이

(1564 ~ 1642)

정확한 실험으로 세상을 설명할 수 있다

세상은 직접 관찰하고, 실험하는 거야.
실험할 수 없다면 모든 것을 의심해봐야 해.
그리고 이 모든 것은 수학으로 기술할 수 있어.

17세기 유럽은 천재들의 활동 무대였다. 갈릴레이, 케플러, 하비, 데카르트, 뉴턴 등. 그들은 각기 자신의 영역에서 이성적 능력을 발휘했다. 각자 이루어낸 업적은 이천 년 만에 세상을 바꿔 놓는 것들이었다. 역설적이지만 그때까지 아리스토텔레스의 권위가 하늘을 찌르고 있었다는 뜻이다. 하지만 이제 아리스토텔레스가 세상을 이해한 방식에 커다란 의문이 제기되기 시작했다.

자연 현상을 올바로 이해하는 포괄적인 방법을 처음 제시해 근대 과학의 문을 연 인물이 갈릴레이다. 그는 '실험'과 '관찰'로 기존에 알려진 자연의 여러 물리 법칙이 잘못됐다는 것을 알아냈다.

사실 아리스토텔레스도 실험과 관찰을 하고 이성적 추론을 통해 세상이 돌아가는 법을 이해했다. 다만 당시 실험과 관찰을 하는 데 제한이 있었을 뿐이었다. 오히려 중세의 아리스토텔레스 주의자가 그의 자연과학을 진리로 여기는 바람에 실험이나 관찰을 소홀히 했고 오직 연역 추론으로 과학을 수행했다. 갈릴레이의 새로운 방법은 중세 아리스토텔레스 주의자의 방법과 완전히 달랐다. 갈릴레이의 방법은 고대 자연과학을 뒤흔들어 놓았다. 그는 아리스토텔레스 주의자들과 논쟁했고 교회와의 싸움도 마다하지 않았다. 고대 과학이 수정되어야 한다는 과학적 확신이 있었기 때문이었다. 갈릴레이는 아리스토텔레스의 자연과학이 전반적으로 수정돼야 함을 증명했다.

갈릴레이 이후, 직접 관찰하거나 측정하여 모은 데이터를 분석하는 일은 과학을 하는 필수적인 과정이 됐다. 그가 제일 먼저 바꾼 것은 물체의 운동에 관한 법칙이었다.

무거운 것이 더 빨리 떨어지지 않는다

갈릴레이는 더 무거운 물체가 더 빨리 떨어진다는 아리스토텔레스의 설명을 믿지 않았다. 당시 유럽의 거의 모든 학자들이 이 명제를 신봉했지만 그는 터무니없다고 생각했다. 아리스토텔레스의 주장이 맞는다면, 무게가 열 배 차이 나는 두 개의 돌을 100미터 높이에서 떨어뜨리면 무거운 돌이 이미 바닥에 닿을 때 가벼운 돌은 꼭대기에서 10미터만 떨어졌을 것이다. 또 떨어지는 속도가 다른 두 물체가 있다고 치면, 두 물체를 (끈과 같은 것으로) 결합했을 때 빠른 물체는 느린 물체 때문에 속도가 느려지고, 느린 물체는 빠른 물체 때문에 속도가 빨라져야 한다. 그런데 합쳐놓은 물체의 무게는 더 무거워졌으니, 떨어지는 속도는 빨라져야 한다는 모순이 생긴다. 갈릴레이는 이와 같은 사고실험으로 아리스토텔레스의 주장이 틀렸다고 생각했다.

갈릴레이는 자신의 주장을 증명하려고 피사의 사탑에서 낙하 장면을 연출했다. 무게 차이가 큰 두 물체의 낙하 거리는 시간에 따라 차이가 크게 나야 하는데 이를 눈으로 확인할 수 없었다. 한편으로 동시에 떨어지지도 않았으므로 아리스토텔레스 신봉자의 의견을 바꾸지도 못했다. 이는 우리도 관찰할 수 있다. 실생활에서 물체는 서로 다른 빠르기로 낙하한다.

그렇다면 갈릴레이는 그 사실을 몰랐을까? 아니다. 갈릴레이는 자유낙하 하는 물체의 속도는 마찰 때문에 달라질 수 있다는 것을 알았다. 운동하는 물체가 공기와 물속에서 속도가 다른 것은 두 매질의 밀도가 다르기 때문이다. 갈릴레이는 자유낙하 실험을 성공하

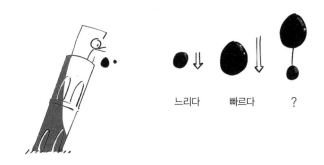

느리다   빠르다   ?

속도가 다른 두 개의 물체가 있을 때 느린 것과 빠른 것을 결합하면 빠른 것은
느린 것 때문에 속도가 느려지고, 느린 것은 빠른 것 때문에 속도가 빨라진다고 생각했다.

는 데 필요한 핵심 조건은 마찰 저항이 없는 상태임을 직감했다. 그래서 갈릴레이는 경사면에 공을 굴리는 실험을 고안했다.

어려운 경사면 실험

비교적 간단한 경사면 실험 장치는 자유낙하 법칙을 도출하려고 갈릴레이가 고안한 놀라운 발명품이다. 공의 자유낙하는 눈 깜짝할 사이에 끝나버린다. 갈릴레이는 물체의 수직 낙하와 경사면에서의 운동에 같은 속도 법칙이 적용되는 만큼 움직이는 시간이 더 느린 경사면을 선택했다. 경사면은 길이가 약 2미터로 한쪽 끝이 쐐기로 고정된 구조의 나무판자다. 판자에는 홈이 파여 있는데 공이 마찰을 되도록 받지 않고 굴러가도록 안에 기름종이를 붙여 매끈하게 만들었다. 갈릴레이는 나무판자의 경사 각도를 바꿔 가면서 홈으로 놋쇠 공을 굴리는 실험을 계속 수행했다. 공은 시간이 흐르면서 같은 시간 간격 동안 더 많은 거리를 움직였다. 문제는 정확하게 얼마만큼 움직이는지를 알아야 했다.

공이 같은 시간에 나무판 위를 얼마만큼 굴러 내려가는지 측정하려면 시간을 정확하게 측정할 수 있어야 한다. 그런데 공이 경사면 위를 구르는 시간은 맥박 한두 번 뛰는 사이에 끝나 버릴 정도의 순식간이다. 실험이 유의미해지려면 심장 박동보다 열 배 정도 더 정확한 시간을 잴 수 있어야 했다. 이 정도의 정확한 실험은 오늘날도 특수 장비가 있는 실험실에서만 가능하다. 하물며 당시 시계라고는 모래시계나 물시계밖에 없었으므로 그렇게 짧은 시간을 재는 것은 불가능했다. 기계식 시계도 있기는 했으나 다른 방식의 시계보다 정확하지 않았다. 갈릴레이가 진자 장치에 관한 스케치를 남긴 것으로 보아 진자시계를 발명하려 한 것이 아닌가 한다.

놀랍게도 갈릴레이가 고안한 시간 측정 방법은 음악이었다. 음악의 규칙적인 리듬을 이용하는 것이다. 그러나 측정이 가능하려면 측정하는 사람의 리듬 감각이 뛰어나야 한다. 그것도 10분의 1초를 구분할 만큼. 그런데 갈릴레이는 천부적인 리듬 감각이 있었다. 작곡가이자 음악선생으로서 명성을 떨친 아버지로부터 물려받은 리듬 감각은 충분한 측정 도구가 될 수 있었다.

경사면에 여러 개의 종을 달아 공이 지날 때마다 소리가 나도록 만들었다. 같은 시간 간격 동안 공이 종을 지나는 위치를 알 수 있게 한 것이다. 갈릴레이는 공이 지나갈 때 울리는 종 소리가 자신

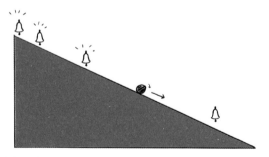

같은 시간 간격에 종이 울리도록 배치하면 가속도를 얻을 수 있다.

이 부르는 노래의 박자와 어긋나면 알아차릴 수 있었다. 그가 부르는 노래는 항상 일정한 박자를 유지하므로 공이 종을 울리는 소리와 박자가 일치할 때까지 종의 위치를 바꿔가며 실험했다. 이런 식으로 여러 번 굴려가면 종의 정확한 간격을 알아낼 수 있다. 마침내 노래 박자와 종의 소리가 정확히 일치했을 때, 종 사이의 간격이 공이 같은 시간에 통과한 거리가 된다.

꼭대기부터 차례로 측정한 종 사이의 간격은 놀랍게도 1, 4, 9, 16, 25배의 순이었다. 즉, 맨 위쪽 간격을 1로 했을 때 차례로 정수의 제곱만큼 거리가 늘어난 것이다. 이는 경사면에서 구르는 물체가 움직인 거리는 시간의 제곱에 비례한다는 뜻이다. 질량이 다른 공을 사용해도 결과는 같았다. 경사면 운동과 수직 낙하는 기울어진 면의 각이 90도 미만인가 90도인가의 차이뿐이라는 점을 고려하면 갈릴레이의 실험으로 낙하하는 물체의 운동도 질량과는 전혀 관계가 없다는 결론을 도출할 수 있다. 그러므로 자유낙하하는 물체는 질량과는 무관하게 동시에 떨어진다.

시간	굴러간 거리	시간의 제곱
1	1	$1^2=1$
2	4	$2^2=4$
3	9	$3^2=9$
4	16	$4^2=16$
5	25	$5^2=25$

갈릴레이가 얻은 결과는 아리스토텔레스가 설명한 물체의 운동과 전혀 달랐다. 아리스토텔레스는 물체가 운동하는 원인을 질량에서 찾았다. 무거워서 낙하하고 가벼워서 상승한다. 그래서 무거운 물체가 가벼운 물체보다 더 빨리 떨어진다. 그런데 경사면 실험에서 증명된 것처럼 운동은 물체가 겪는 현상이지만, 물체 자체는 운동과 무관하다. 아리스토텔레스의 운동에 관한 관점은 경사면 실험으로 반박됐다.

갈릴레이는 경사면 실험을 근거로 놀라운 추론을 한다. 경사면의 각도가 0인 수평면이 되었을 때 어떻게 될 것인가를 생각했다. 그의 실험은 만약 공과 바닥 사이에 마찰이 없는 이상적인 조건이라면 수평면에서 공은 영원히 구를 것이라는 것을 보여주었다. 물체는 외부의 힘이 작용하지 않는 한 정지 상태에 있거나 직선을 따라 등속운동을 계속 유지한다는 뉴턴의 제1 법칙에 근접한 결론이었다.

갈릴레이는 아리스토텔레스 운동학에서 논란이 되었던 투사체 운동 문제도 깨끗이 해결했다. 아리스토텔레스에 의하면, 자연적 운동과 강제된 운동은 정의상 동시에 일어날 수 없다. 포탄이 발사되면 일단 강제적으로 직선 운동을 하다가 갑자기 곡선운동으로 바뀌고 땅에 떨어질 때는 직선을 그린다. 그러므로 모든 투사체 운동은 직선과 곡선 그리고 직선의 구조로 되어 있다. 그러나 투사체는 이런 식으로 움직이지 않고 곡선 경로를 따른다. 갈릴레이는 투사된 물체는 포물선 궤적을 그린다는 것을 수학적으로 증명했다.

갈릴레이의 상대속도

물리학이나 지동설을 배우지 않은 사람은 지구가 자체 회전하면서 엄청난 속도로 태양 주위를 돌고 있다는 사실을 믿지 않을 것이다. 정말 지구가 돈다면 엄청난 속도를 우리가 느낄 것이고, 지구 위는 항상 폭풍 같은 재난으로 가득 차 있으리라고 생각할 것이다. 또한 하늘을 나는 새나 구름 등은 땅 위에 있지 않기 때문에 지구가 도는 방향의 반대로 멀어져야 한다고 생각할 것이다. 아리스토텔레스 자연과학을 믿는 사람들도 이와 똑같이 생각해 지구가 태양 주위를 돈다는 것을 믿지 않았다.

그러나 갈릴레이는 지구가 운동하더라도 등속운동이므로 우리는 감지하지 못한다고 주장했다. 이 문제는 물리학에서 매우 중요하게 다룬다. 만약 지구가 우주의 중심에 정지해 있다면 모든 운동은 지구를 기준으로 기술할 수 있다. 하지만 지구가 움직인다면 지구상

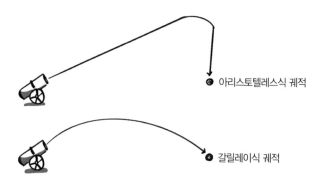

아리스토텔레스는 투사된 물체가 직선, 곡선, 직선의 궤적으로 구성돼 있다고 하여 비현실적이다. 갈릴레이는 투사된 물체가 포물선 궤적을 그린다는 것을 밝혀냈다.

의 모든 운동은 상대적이다.

갈릴레이는 같은 형태의 운동을 하는 계에서 일어나는 모든 물리 현상은 같게 진행된다고 설명했다. 예를 들어 시속 50킬로미터로 가는 자동차 A에 상자가 실려 있다고 하자. 상자는 도로에 대해서 시속 50킬로미터의 속도로 운동하고 있지만, 자동차에 대해서는 운동하고 있지 않다. 다른 자동차 B가 시속 100킬로미터의 속도로 같은 방향으로 달려가고 있다면 자동차 A에 타고 있는 사람은 자동차 B가 시속 50킬로미터의 속도로 가고 있다고 생각할 것이다.

이번에는 자동차에 타고 있는 사람이 공을 수직으로 던진다고 생각해 보자. 차 안의 사람은 위로 던진 공이 연직선 상에서 움직이는 것을 관찰한다. 하지만 자동차 밖에 있는 사람이 볼 때는 공이 포물선을 그리며 움직인다.

아리스토텔레스 신봉자는 자동차가 움직이므로 공이 사람 뒤로 떨어지리라 예상했다. 운동이 상대적이라고 생각하지 못한 것이다.

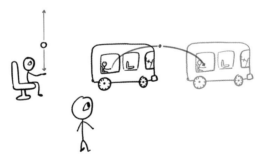

움직이는 자동차 안에서 던져진 공은 차 안과 밖의 관찰자가 서로 다르게 관측한다.

물체의 운동은 어디를 기준계로 생각하느냐에 따라 속도가 0이 되기도 하고 다양한 속도 값을 가지기도 한다. 속도는 어차피 상대적이므로 등속운동을 하는 좌표계의 물리 현상은 완전히 같을 수밖에 없다.

새로운 운동학

갈릴레이는 운동에 내포된 아리스토텔레스적 의미를 거의 모두 제거하고 새로운 역학을 만들어냈다. 아리스토텔레스의 운동은 물체가 제 자리를 찾아가는 자연적 운동과 그렇지 않은 방향으로 움직이도록 강요된 강제적 운동, 이 두 가지가 있을 뿐이었다.

갈릴레이는 움직이는 것에 대한 속도의 개념을 확실히 정립했고 등속운동계에서의 물리 현상은 불변임을 발견했다. 정지 상태에서 출발한 물체가 이동한 거리는 시간의 제곱에 비례하므로 경사면에서의 운동은 전형적인 등가속 운동이다. 이처럼 움직임을 속도와 가속도로 분류해 아리스토텔레스 식의 운동 체계를 혁신적으로 바꿨다. 갈릴레이는 운동의 정체를 파헤치려고 실험에서 나온 결과를 수학적으로 분석했다. 이러한 혁신은 사고실험과 실제 실험에서 얻은 것이다. 오로지 이성적 추론만으로는 불가능하다. 움직인 거리가 시간의 제곱에 비례한다는 사실을 이성적 생각만 가지고 무슨 수로 알아낼 수 있을까?

한편으로 아리스토텔레스의 운동은 직관과 일치한다. 갈릴레이의 결과를 모른다면 우리도 무거운 것이 더 먼저 떨어진다고 생각했을 것이다. 당연히 지구가 돈다는 것도 믿지 못할 것이다. 자연은 구체적인 실험을 통해서만 그 비밀을 알려주는 존재였다. 비록 아리스토텔레스도 실험과 관찰로 비밀을 밝혀내려 했지만 당시의 측정 기술을 고려하면 한계가 명확했다. 세상도 기술의 발전을 담보로 더 정확히 이해할 수 있는 법이다.

갈릴레이의 방법은 새롭고 매우 강력해 이후 운동을 연구하는 기본 토대를 구축했다. 갈릴레이는 아리스토텔레스 운동학에 오류가 있음을 확신했을 뿐만이 아니라 실험으로 얻은 물체의 운동을 수식화함으로써 자연 현상을 수학으로 다룰 수 있다는 확신 또한 얻었다.

사물의 운동을 목적으로 설명하는 아리스토텔레스의 목적론적 접근은 해체되기에 이르렀다. 물체가 '왜(why)' 운동을 하는가가 아니고 '어떻게(how)' 운동하는지로 관점이 바뀌었다. '왜' 물체가 빨라지는지가 아니라 '어떻게' 빨라지는지를 기술했다. 전적으로 운동 및 운동하는 물체의 관점에서 현상을 설명하려는 시도였다.

갈릴레이 이후, 여러 사람들이 우주에 관한 생각을 이러쿵저러쿵 이야기했지만, 우주는 오로지 강력한 수학적 분석과 이를 뒷받침하는 실험으로서만 설명이 가능한 세계가 되었다.

갈릴레이는 아리스토텔레스의 잘못을 지적하는 바람에 아리스토텔레스를 지지하는 다수의 교수와 좋은 관계를 유지할 수 없었다. 새로운 것을 발견할수록 사람들과의 관계는 더욱더 멀어질 뿐이었다. 그러나 그는 지칠 줄 모르고 새로운 지식을 열망했으며, 그 때문에 동료들과의 불화를 넘어 당시 최대 권력인 교회와의 갈등으로까지 번지게 되었다. 이런 논쟁에는 한 가지 공통된 특성이 있는데 갈릴레이는 올바른 지식을 가지고 있고 상대편은 그렇지 못했다는 것이다. 진리를 알고 있는 갈릴레이는 학자의 양심상 잘못 알고 있는 상대편에 굴복할 수 없었다. 지상에서의 운동학 때문에 벌어진 갈등은 주위 사람과의 싸움쯤으로 끝이 났지만, 천상을 말하는 지동설을 놓고는 교회라는 거대한 권력과 대항해야 하는 역사적 사건이 되었다.

역사적 사건

갈릴레이는 아리스토텔레스의 운동학을 밀어내고 있었지만, 당시 지동설이 커다란 논쟁거리가 되고 있었음에도 이 문제에 대해서는 소극적이었다. 물론 젊을 때부터 지동설을 지지했지만, 더는 자신이 그 분야에서 할 일이 있을 것이라고 생각하지 않았다.

그러던 중 17세기 초, 밤하늘에 갑자기 나타난 별(초신성)에 자극을 받았다. 아리스토텔레스의 의하면 천상은 천구의 운동으로 설명되기 때문에 변화가 없는 곳이다. 오직 변화는 달 아래에서만 나타나는 현상이었다. 천상에 관한 아리스토텔레스의 체계가 틀릴 수도 있었다. 비슷한 시기에 케플러도 같은 의견을 표명한다.

곧이어 갈릴레이가 지동설을 공개적으로 지지해 인생을 순식간에 바꾸게 하는 사건이 발생한다. 망원경의 발명이었다.

네덜란드에서 망원경이 발명되었다는 소식에 새로운 것을 만들기 좋아하던 갈릴레이는 바로 그 기구를 보러 가려고 했으나 성사되지 않았다. 대신에 다행히 망원경의 상세한 설명서를 구할 수 있었다. 갈릴레이는 설명서를 참조해 두 개의 렌즈를 가지고 확대경을 제작하기 시작했다. 이윽고 여러 차례 시행착오를 겪은 끝에 배율이 높고 선명한 상을 맺는 망원경을 제작할 수 있었다. 호기심으로 만들기 시작한 망원경은 주변 사물을 가까이 보는 신기한 장난감 수준을 넘어 대양 항해에 유용하게 쓰이는 실용적 도구로 주목을 받았다. 배율이 3배였다가 9배로 개량되고 이어서 30배가 되자 갈릴레이는 그것으로 하늘을 보기 시작했다. 밤하늘의 천상 세계는 놀라운 광경을 보여주었다. 그가 본 하늘은 지구를 중심으로 우주가 도는 것이 아니라 태양을 중심으로 지구가 돌지 않고서는 설명이 불가능한 그 어떤 것이었다.

오늘날 과학사에서 1543년은 매우 중요한 해로 기록돼 있다. 코페르니쿠스가 《천구의 회전에 관하여》라는 책을 출간한 해이기 때문이다. 그는 지구는 정지해 있지 않고 하루에 한 번씩 자전하고, 한 해에 한 번 태양 둘레를 공전한다고 설명했다. 사실 지동설은 코

페르니쿠스가 처음 주장하지 않았다. 이미 기원전 3세기에 그리스의 아리스타르코스는 지구가 움직인다고 주장했는데 당시 유럽의 지식인들은 이미 이 주장을 알고 있었다. 그런데 지동설이 이 시기에 다시 세상에 나온 이유는 1400년 동안 사용돼온 프톨레마이오스의 천동설 체계가 문제투성이가 되어버렸기 때문이다. 아리스토텔레스 우주론을 기반으로 만들어진 천동설은 천체의 역행운동과 밝기 변화를 예측하고자 인위적인 주전원(원을 따라 도는 또 다른 원)과 이심률(원의 궤도가 완벽한 원에서 벗어난 정도)을 채택했다. 모든 천체는 원의 궤도로 움직인다는 가정 때문이었다. 그리스인들은 천체가 원이 아닌 타원을 그리며 움직일 수 있다는 생각을 전혀 하지 못했다. 2세기에 만들어진 천동설 체계는 오차가 생길 때마다 주전원을 계속 집어넣어 그때그때 수정하는 방식을 취하는 바람에 주전원이 수백 개가 되어버렸다. 그래도 달력의 1년 길이가 일정하지 않았고 천문 현상을 제대로 예측하지 못했다. 보름달이 뜬다고 예측했는데 초승달이 뜨는 촌극이 발생하기도 하고 춘분을 정확히 예측하지 못해 교회가 부활절 행사를 치르지 못해 애를 먹곤 하였다. 급기야 교회는 새로운 달력을 만들려고 시도했다.

코페르니쿠스는 우주가 단순하고 수학적 조화를 이룬다고 믿은 철저한 플라톤 주의자였다. 따라서 복잡하기 그지없는 천동설 체계를 대신할 무엇을 찾고 있었다. 태양을 중심으로 한 체계를 가정하고는 행성의 위치가 어떻게 결정되는지 수학적으로 풀어갔다. 30대에 시작한 이 일은 60대가 되어서야 완성되었다. 그러나 모두가 지구가 우주의 중심이라고 믿는 세상에서 다른 이야기를 하면 바보 취급을 받을까 두려워 출판을 꺼렸다. 우여곡절 끝에 원고는 그가 죽기 며칠 전에야 출판됐다.

이처럼 새로운 지식이 인정받게 될 때까지는 기존 지식을 고수하는 이들의 저항을 극복하는 시간이 항상 필요했다. 지동설이 나온 뒤 정착되기까지 약 한 세기가 흘러야 했다. 인지적으로나 종교적으로, 더 나아가 과학적으로도 받아들이기 쉬운 상황이 아니었다. 특히 종교가 권력의 중심인 유럽 사회에서는 심각한 사건이었다. 기존 이론은 신학과 접목됐지만, 지동설은 신앙과 대결 구도가 형성될 수밖에 없었다. 처음에는 단순히 천동설의 계산상 오류를 바로잡은 정도로 의미가 희석돼 넘어가는 듯했다. 그러나 중세 우주관에 바탕을 둔 사고방식을 근본적으로 흔든 건 사실이므로 우주 질

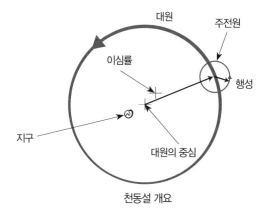

천동설 개요

서와 인간의 참된 모습을 밝혀야 한다는 요구는 명백해 보였다.

지동설의 증거와 논쟁

망원경으로 하늘을 들여다본 갈릴레이는 곧 유명해졌다. 그가 본 천상의 세계는 새로운 사실로 가득 차 있었다. 가장 중요한 발견은 목성에 위성이 존재한다는 것이었다. 위성들은 천동설 체계에 끼워 맞추기가 불가능했다. 천동설 체계에서는 붙박이별을 제외하고 단 7개의 별(달, 태양, 5개의 행성)만 있어야 하는데 위성을 포함하면 7개가 훨씬 넘었다. 달 표면은 아리스토텔레스의 주장대로 수정같이 매끈하지 않았다. 거칠고 울퉁불퉁한 분화구와 산들로 이루어져 있었다. 금성의 위상 변화는 지구 중심의 체계로는 설명할 수 없었다. 태양을 중심으로 태양과 지구 사이에 금성이 위치해야 볼 수 있는 모습이었기 때문에 이 또한 지동설의 증거가 되었다. 무결점이어야 할 태양의 표면에서 흑점이 발견된 것 또한, 기존과는 다른 사실이었다.

망원경으로 지동설의 증거를 발견한 갈릴레이는 교회와 적대 관계를 형성했다. 갈릴레이는 교황청의 여러 학자와 날선 논쟁을 벌였다. 바티칸의 명망 있는 사제이자 아리스토텔레스 과학에 정통한 여러 과학자를 초대해 망원경으로 목성을 직접 볼 수 있도록 하기도 했다. 그러나 그들은 거의 아무것도 보지 못했다. 상을 확인조차

갈릴레이가 손수 그린 달의 스케치. 매우 자세히 묘사된 이 그림은 저작 《대화》에 실려 있다.

하지 못하기도 하고, 뭔가 보여도 목성과 목성의 위성이라는 것을 확신하지 못했다. 천체 관측은 지구상의 물체를 보는 것과는 다르다. 별은 매우 멀리 떨어져 있으므로 망원경이 조금만 흔들려도 시야를 벗어나기 일쑤다. 그래서 제대로 관측하는 데까지 장기간의 경험이 필요하다. 갈릴레이는 목성 주위를 도는 4 위성의 공전주기를 측정할 만큼 망원경을 익숙하게 다뤘다. 오랫동안 측정해 왔기에 가능한 일이었다. 그러므로 망원경에 익숙하지 않은 사제들이 그것도 단 몇 시간 동안 무엇을 보리라 기대한 것 자체가 무리였다. 그러나 더욱 큰 문제는 아리스토텔레스주의자였던 사제들이 관측에 회의적이었던 데 있었다. 그들은 천체가 지상의 물질과는 전혀 다른 제5의 원소로 이루어져 있다고 믿었으므로 망원경으로 새로운 무엇을 볼 수 있다는 기대를 전혀 하지 않았다.

비슷한 시기에 케플러는 천문학 분야에서 중요한 걸음을 내딛고 있었다. 그는 갈릴레이의 주장에 동조했지만 교회와 큰 갈등은 없었다. 그는 중요한 케플러의 세 가지 법칙을 발표하는데, 그 가운데 가장 중요한 법칙은 행성이 태양을 하나의 초점으로 두는 타원 궤도를 그리며 공전한다는 제1법칙이다. 그리스인들은 천체가 원을 그리며 운동한다고 추정했고, 원 외의 다른 형태로 움직일 수 있다는 생각을 전혀 하지 못했다. 원이 완벽한 곡선이라는 미적 감각이 사고를 지배한 결과였다. 이러한 생각이 16세기까지 이어져 내려왔다. 케플러는 그와 같은 편견에 과감히 맞선 최초의 인물이었다.

지동설은 혁명이라 불릴 만큼 새로운 사고 체계였다. 당연히 기존 우주관과의 충돌을 피할 수 없었다. 과학이 종교와 대립하는 구도가 처음 형성된 사건이기도 했다. 하지만 지동설을 놓고 교회와 벌인 논쟁은 새로운 과학의 창출로 이어졌다. 아이러니하게 갈릴레이는 교회와 타협하며 논쟁을 포기했지만, 과학은 오히려 신학에서 떨어져 나감으로써 자신의 지위를 굳건히 했다. 갈릴레이 이후로 점차 프톨레마이오스의 천문학이 쇠퇴의 길을 걷고 천구의 개념도 사라져 아리스토텔레스의 유한우주 대신 무한우주라는 개념이 들어서게 된다.

갈릴레이가 보여준 세상

갈릴레이는 연역이 아니라 도구를 이용해 자연 현상을 이해하려 했다. 갈릴레이 이전에는 자연 현상이 일어나는 참된 원인이 이미 밝혀졌다고 믿었기 때문에 과학의 근본 법칙을 찾으려는 시도조차 하지 않았다. 그럴 필요도 없었다.

일반적으로 우리가 목격하는 자연 현상은 많은 조건이 복잡하게 얽혀 일어나는 것이다. 그러므로 어떤 특정 현상을 따로 떼어내 직접 관찰하는 것은 불가능에 가깝다. 그래서 제대로 관찰하려면 자연 현상을 인공적으로 제어하는 '능동적'인 실험을 해야 한다.

갈릴레이는 운동을 이해하고자 인위적인 실험 장치를 직접 개발한 최초의 인물이었다. 자연적으로 존재할 수 없는 실험 환경을 인위적으로 만들었고, 알고자 하는 물리량을 측정하려고 그 밖의 변수를 통제할 수 있는 장치를 고안했다. 경사면 실험에서 필요한 변수는 물체가 낙하하는 거리와 시간뿐이었다. 공과 경사면 사이의 마찰은 실험을 방해하는 요소이므로 최소화할 필요가 있었다. 그래서 경사면을 매끄럽게 제작하고 기름종이를 사용했다. 또한 공기저항을 덜 받도록 될 수 있는 한 무거운 공을 사용했다. 이 실험은 물체의 운동학을 완전히 바꾸어 놓는 변혁을 불러일으켰다.

이제 자연에 대한 일반적인 이론을 발견하거나 검증하려면 인위적으로 조종할 수 있는 실험을 해야 하는 시대가 됐다. 따라서 갈릴레이의 관측과 실험은 과거의 과학과 단절을 선언하는 계기였다. 갈릴레이의 혁신 이후 사람들은 자연이 인위적인 환경에서만 비밀을 드러내는 존재라고 확신하기 시작했다. 그리고 자연스럽게 인공적인 환경을 조성해 자연의 비밀을 풀고자 하는 기발한 실험 정신이 싹트게 됐다. 경사면은 오늘날 인위적으로 입자를 만들어 가속하는 '입자가속기'의 먼 조상이라 할 수 있다. 자유낙하나 입자가속이나 자연적으로는 거의 관찰할 수 없는 것들이다.

또 갈릴레이는 실험으로 얻어낸 결과를 수학적으로 기술했다. 그의 또 하나의 큰 장점은 결과를 수학적 공식으로 환원하는 능력이었다. 운동의 추상적 속성을 실험에 적용했고, 수학으로 풀어냈다. 물체의 운동에 관한 역학 연구는 그로부터 시작되었다고 봐야 할 것이다. 그리스인들은 평형의 법칙과 같은 정역학을 연구한 바 있으나 속도가 변하는 운동 법칙을 완전히 잘못 이해하고 있었다. 이는 16세기 사람들도 마찬가지였다. 갈릴레이는 플라톤과 피타고라스의 관점으로 돌아가 역사상 최초로 수학과 자연 철학을 결합하려한 인물이다. 갈릴레이의 운동학은 지상에서 일어나는 물체의 운동을 아우를 수 있는 새로운 역학이었다. 그의 실험과 수학적 표현은 오늘날에도 자연을 이해하는 중요 방법론이다. 현대 실험물리학과 이론물리학은 갈릴레이의 물체의 낙하운동에 관한 정량적 연구에서 시작됐다.

데카르트

(1596 ~ 1650)

나는 존재한다라는 명제로부터 세상은 설명된다

난 내가 감각한 것들을 믿을 수 없어.
수학의 공리처럼 누구도 의심할 수 없는
분명한 사실이 있다면,
그것으로부터 세상을 설명할 수 있어.

르네 데카르트는 고대 자연과학이 흔들리고, 고대 그리스 시대 이후로 잃어버린 인간 '이성'이 제자리를 찾으려고 몸부림치는, 격정의 시대인 17세기를 살아간 인물이다. 그는 기존 철학을 회의적으로 보고 근본부터 다시 생각해보려 했다. 그 결과 이성만으로 보편적 진리를 얻을 수 있다고 확신했다. 그는 철학, 수학, 물리학 등 다방면에 걸쳐 뛰어난 이성적 능력을 보여주었다. 데카르트의 묘비에 "인간 이성을 처음으로 옹호한 인물"이라는 글귀가 새겨져 있을 만큼 그의 이성에 대한 사상은 시대의 총아였다. 특히 철학에서 주창한 이성역할론은 근대철학을 여는 시발점이 되었다. 이성역할론은 획기적인 사건으로 주목을 받았지만, 그렇다고 아무런 시대적 배경 없이 이러한 생각을 한 것은 아니다. 데카르트는 선대 철학자의 생각을 습득했고 그로부터 문제가 무엇인지 깨달았다.

　15세기에 시작된 르네상스는 신앙에 종속되어 있던 사람들이 '인간이 자발적으로 무엇을 할 수 있을까'를 생각하게 된 문예부흥 운동이었다. 자연히 인간의 역할이 확대되고 신앙의 역할이 점진적으로 축소된다. 물론 르네상스가 데카르트가 이런 생각을 하게 만든 직접적인 동기 부여 요인은 아니었다. 이성의 역할에 대한 담론은 그리스 철학에서 시작했다. 르네상스도 그리스 문화의 재발견에 다름 아니었다. 이성역할론은 플라톤의 이데아론과 아리스토텔레스를 반박하는 것과 직접적으로 관련돼 있다.

신앙과 이성의 논쟁

서양의 사고 체계는 그리스 철학과 기독교 신학이 큰 축을 이루고 있다. 수백 년 동안 플라톤과 아리스토텔레스 사상이 기독교 교리에 흡수되면서 이성의 역할은 변해왔다. 중세의 사제를 중심으로 한 스콜라철학의 핵심은 신앙이 먼저인가 아니면 이성이 먼저인가에 대한 논쟁이었다. 신앙과 이성에 대한 기나긴 담론과 '보편자'와 '개별자'의 대립적 논쟁의 시기였다. 보편자는 말 그대로 보편적인 성격을 갖고 있는 그 어떤 것을 말하고 개별자는 각각 개별의 존재다. 플라톤은 보편자를 이데아라고 했고, 아리스토텔레스는 각 개체들의 보편적인 성질(실체)이라고 보았다. 종교에서 보편자는 신이고 개별자는 인간 개개인을 의미한다. 신앙이 먼저인가 아니면 이성이 먼저인가? 전자는 신앙만이 우리 삶의 근거가 되므로 이성의 역할은 극소화되고 역으로 후자는 이성을 가지고 우리가 자발적으로 무엇을 할 수 있다는 뜻이다. 아이러니하게도 중세에 이러한 논쟁이 없었다면 이성은 빛을 보지 못했을 것이다.

중세는 기원후 6세기에서 16세기에 이르는 기간을 이른다. 중세의 시작을 정확히 기원후 529년이라고 규정하기도 하는데 플라톤이 세운 학교인 아카데메이아가 900년 만에 역사 속으로 사라진 해이기 때문이다. 당시에 설립된 수도원이 학교 역할을 대신하게 됨으로써 학문 연구의 주도권은 학교에서 교회로 넘어간다. 가톨릭교회의 신부인 사제는 학문을 연구하는 학자가 되었다. 이러한 변화를 계기로 신플라톤주의, 스토아 철학 및 에피쿠로스주의의 헬레니즘 정신 세계가 물러가고 스콜라 철학의 신앙을 기반으로 하는 세계가 들어섰다.

중세 시대가 시작됐다고 알린 첫 인물은 '보에티우스'라고 할 수 있다. 그는 시대의 경계에 있었다. 몰락하는 시대를 살며 새로운 시대에 적응하려 했던 그는 신앙에 이성을 결합한 최초의 인물이다. 이전의 교부철학(중세 철학 이전에 기독교 철학자들이 주도한 철학 조류로서 플라톤의 이데아를 신비화한 신플라톤주의를 신학에 접목했다. 기원후 4세기의 아우구스티누스가 대표 인물이다)은 모든 것을 신이 결정했다거나 신앙의 은총으로만 인간의 삶이 정해진다고 주장했다. 여기서 이성의 역할은 무시됐다.

스콜라 철학은 신앙과 이성의 조화를 강력히 지지했다. 그러나 원래의 목표는 인간 이성만 주장하며 계시 같은 것을 믿지 않으려는 합리주의를 저지하는 데 있었다. 그래도 전통을 따르지 않는 사제들과 신앙을 중시하는 이들 사이에서 커다란 논쟁이 벌어졌다. '안셀무스'가 이성의 힘으로 신앙의 신비를 밝혀낼 수 있다고 믿은 대표 학자다. 그는 지적 이해로 신앙을 추구할 수 있다고 주창했다. 그래서 성서보다 이성에서 신앙의 근거를 찾고자 노력했다. 그의 사상은 근대의 합리주의에 근접해 있었다. 반대로 이성을 무시하고 오로지 복음 선포만 중요하게 여기거나 신앙과 이성을 비슷하게 중요하게 생각해 중도적 입장을 취한 학자도 있었다.

그런데 스콜라 철학은 12세기에 커다란 전기를 맞게 된다. 아랍어로 쓰인 그리스 사상서가 라틴어로 번역되면서 아리스토텔레스의 사상 거의 전부가 알려졌기 때문이다. 이전까지 스콜라 철학자는 플라톤의 사상을 신학에 접목한 아우구스티누스 신학을 기반으로 연구해왔다. 그런데 플라톤과는 상반된 관점의 아리스토텔레스 사상이 등장해 신앙과 이성의 결합은 더 어려워지고 까다로워지기 시작했다. 이성을 실제 마주하는 현실을 파악하는 인간의 능력으로 보지 않고는 신학과의 융합이 어려워 보였다.

13세기의 토마스 아퀴나스는 아리스토텔레스의 자연과학적 방법론과 창조신앙을 조화롭게 해석하는 데 결정적 역할을 했다. 사물에는 원인이 있다는 아리스토텔레스의 개념을 받아들여 하나의 가장 큰 원인(부동의 원동자)을 신으로 유비한 것이다. 이로써 아리스토텔레스의 학문은 신의 절대 권위를 논리적으로 확장하는 데 이용되기 시작했고 기독교적 진리는 정당성이 더욱 굳건해졌다.

아퀴나스는 신앙과 이성을 철저히 구별하면 학문이 신앙과 양립할 수 있다고 생각했다. 이렇게 신앙의 보편성과 이성의 개별성 모두를 인정했다. 이성에서의 진리가 신앙에서는 거짓일 수 있고 신앙에서 진리가 이성에서는 거짓일 수 있다고 믿었다. 신앙만 진리라고 주장하는 아우구스티누스주의와는 전혀 다른 관점이다.

아퀴나스 이후 스콜라 철학은 아리스토텔레스주의자와 아우구스티누스주의자의 대립으로 이어졌다. 그중 극보수주의자는 신앙만을 인정하려 했고, 극단적 아리스토텔레스주의자는 신앙 없이 이성만으로도 실제 세계를 사유할 수 있다고 생각했다. 신앙과 이성 사이에서 극단적인 논쟁이 벌어졌고, 이를 교회가 단죄하는 과정이 이어졌다. 결국 신앙과 이성은 분리되었다.

급기야 14세기의 오컴은 신앙과 이성의 완전 분리를 주장하였다. 오컴은 감각적으로 인식된 사물만이 실재이고 보편자는 단순한 언어에 불과하다고 여겼다. 그래서 신이나 영혼 등은 경험적으로 알 수 있는 것이 아닌 신앙의 대상일 뿐이므로 지식으로 인정하지 않았다. 이러한 오컴의 주장은 스콜라 철학의 붕괴를 의미했다. 신앙만이 중요하다고 여긴 시대에서 신앙과 이성 모두를 인정해 조화를 꾀한 시대를 지나 신앙과 이성이 완전히 분리됐으므로 스콜라 철학은 존재할 명분이 없어졌다. 이제 신앙과 연결될 필요가 없으므로 이성으로 새로운 지식을 알아내려는 시도가 유럽을 움직인다.

데카르트의 이성

데카르트가 보인 일관된 관점은 '진리는 오로지 이성의 힘으로 발견해야 한다'는 것이었다. 그는 인간의 감각은 믿을 게 못 되므로 이성적 사고로 세상을 바라보아야 한다고 생각했다.

데카르트에 의하면 이성이야말로 참과 거짓을 구별하게 해주어 올바른 판단을 내리게 하는 능력이다. 이성은 인간과 동물을 구별하는 잣대가 될 뿐만 아니라 모든 인간에게 평등하게 주어진 능력이므로 이를 사용해 누구나 진리에 도달할 수 있다. 그런데 진리를 얻는 데 필요한 조건이 있다. 이성을 올바르게 사용하는 것이다.

스콜라 철학이 유명론(또는 명목론이라 한다. '개'나 '말'과 같은 사전 속 단어는 사물의 종류를 지칭하는 보편적인 것이다. 플라톤은 이를 '이데아'라고 했고 실체가 있다고 보았다. 유명론은 보편이란 그저 단어에 불과할 뿐, 실체는 없다고 본다)으로 막을 내리면서 이성에 손을 들어준 사실에 비추어 보면 데카르트가 이성을 사용해 진리를 탐구하겠다는 방법론을 주장한 것이 이상한 일은 아니다.

그는 중세에 오랫동안 벌어진 보편자와 개별자 논쟁을 글로 읽었다. 또 당시는 자연과학의 발전으로 고대 과학이 수정되는 시기였다. 그래서 그는 학문적 지식이 올바르다고 어떻게 증명할 수 있는

지 의문을 가졌다. 기존의 정통 철학은 해답을 제시해주지 못했다. 그래서 데카르트는 자신의 역할을 이성의 역할을 탐구하는 선구자이자 종결자로 규정하고 그 일을 하려 했다. 그는 의심스러운 것은 내치고 명확한 것만 찾아내 '절대적으로 확실한 지식'의 기초를 찾음으로써 학문적 지식을 습득할 수 있다고 생각했다.

확실한 지식의 예는 수학에서 찾을 수 있었다. 수학은 두 점을 잇는 직선은 하나뿐이라는, 매우 단순한 기본 전제(유클리드의 《기하학 원론》에 나오는 '공리'로서 증명할 필요 없이 자명한 명제다. 모든 기하학적 원리는 이러한 몇 개의 공리에서 시작한다)에서 시작해 논리를 전개한다. 이렇게 전개된 논리는 논박이 불가능하다. 수학적 논증은 연역이므로 이렇게 발견되는 수학 법칙은 분명히 참이다. 좌표계를 처음 만들어 분석기하학을 창시하기도 할 정도로 수학에 능통한 데카르트는 이렇게 확실성을 담보하는 수학의 방법을 다른 영역에도 적용하려 했다.

만약 우리가 참인지 거짓인지 의심할 필요 없는 어떤 전제를 찾을 수만 있다면, 이 전제로부터 전개되는 논리적 추론은 올곧이 참일 것이다. 그러므로 이런 전제는 우리가 완전

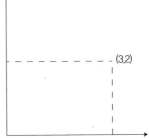

데카르트는 수학에 최초로 좌표계를 도입했다. 이 덕분에 대수학의 방정식을 곡선과 평면 등의 기하학적 형상으로 표현할 수 있고 또는 기하학을 대수 방정식으로 표현할 수 있게 되었다. 오늘날 서로 직각을 이루는 좌표계를 카르테시안 좌표계라고 한다.

히 신뢰할 수 있는 지식에 접근하는 방법의 단초다.

나는 생각한다, 고로 존재한다

데카르트는 수학을 본보기로 삼아 올바로 추론하는 데 필요한 몇 가지 간단한 절차와 규칙을 만들었다(그의 책 《방법서설》에 나온다). 첫째로 의심할 필요 없이 확실하거나 분명하게 인식할 수 있는 것이 아니면 절대 진실로 인정하지 않는다. 둘째로 문제를 능숙하게 해결하고자 가능한 여러 개의 작은 문제로 나눈다. 셋째로 생각은 가장 단순한 것부터 복잡한 것까지 단계적으로 접근한다. 마지막으로 생각 전체를 자세히 검토해서 빠뜨린 것이 없는지를 확인한다. 이와 같은 추론 단계는 사실 수학 문제를 증명하는 단계와 같다.

데카르트의 목적은 자연의 모든 현상을 확실히 알 수 있도록 이끄는 기본 전제를 찾는 일이었다. 올바르게 추론하고자, 전혀 의심의 여지 없는 것을 찾아내고자, 모든 것을 의심했다. 모든 것을 의심하여 보편성을 띤 속성이라고 확신할 수 있는 어떤 것을 찾으려 한 것이다. 만약 의심하여 단 하나라도 아닌 듯하면 또 의심한다.

우선 우리가 감각으로 안 것, 즉 직접적이고 즉각적인 관찰 경험에 기초해서 안 것이 의심의 대상이다. 일상에서 확실하게 여겨지는 것들도 실은 확실하지 않다는 것이다. 예를 들어 멀리 있는 건물 위에 있는 탑 같은 것이나 더운 날 아스팔트 위로 끓어오르는 수

증기 같은 현상(아지랑이)을 보고 그것이 존재한다고 확신할 수 있을까? 가까이 갔을 때 건물의 위의 탑은 다른 것일 수 있고 아지랑이는 어차피 환각이다. 이처럼 직접적인 관찰은 우리를 기만하기 일쑤다.

모든 감각이 의심스러운 것은 아니다. 다만 정신이 충분히 깨어 있어 사물을 제대로 관찰할 수 있더라도 사물이 우리에게 감각되는 대로 존재한다고 신뢰할 수는 없다. 즉, 확실하지는 않다. 데카르트는 이 지점에서 더 나아간다.

우리는 종종 어떤 상황에 푹 빠져 있다가 갑자기 깨어나 그게 꿈이었음을 깨닫는다. 깨기 전에는 감쪽같이 현실이라고 생각한 것이다. 데카르트는 이로부터 지금, 이 순간 우리가 꿈을 꾸고 있는 것은 아닌지 어떻게 확신할 수 있는지 되묻는다. 여기서 요점은 현실인지 꿈인지가 아니다. 현실일 수도 있고 꿈일 수도 있으므로 확실성이 떨어진다는 의미다.

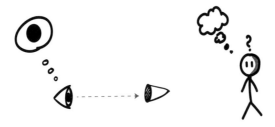

우리의 감각은 믿을 수 없다. 난 확실하다고 생각하는 것도 전혀 다른 것일 수 있다.
그러나 내가 생각하고 있는 동안에는 내가 누구인지는 모르겠으나
생각하고 있는 내가 존재하는 것만은 확실하다.

데카르트는 지독하게 의심한 결과, 모든 것에 대한 자신의 믿음이 깨질 수 있다는 것을 발견했다. 추상적인 생각도 환상일 수 있다. 심지어 눈에는 보이지 않는 전능하고 교활한 어떤 악마가 최면을 걸어 깨어 있다고 생각하게 할 수도 있다. 육체를 가지고 있다는 사실, 신이 존재한다는 사실도 착각일 수 있다. 그렇다면 무엇이 진실이고 착각인지 어떻게 판단할 수 있을까?

그런데 한 치의 흔들림 없이 믿을 수 있는 한 가지는 있다. 착각이든 진실이든 관계없이 그것에 대한 경험은 분명히 존재한다. 데카르트는 의심하고 또 의심한 결과, 모든 것이 착각일 수 있지만 착각하는 자신이 있다는 것만큼은 의심할 수 없었다. 지금 생각을 하는 자신은 반드시 존재해야 한다는 사실을 발견하였다. 그래서 '나는 생각한다. 고로 나는 존재한다'라는 그것만큼은 확실한 사실임을 깨닫는다. 이제 참인지 거짓인지 의심하는 것이 불가능한 전제를 알아낸 셈이다.

그렇다면 이 전제가 수학에서의 공리처럼 과학적 지식을 알아가는 으뜸 원리의 역할을 할 수 있는가? 데카르트는 《성찰》에서 연역으로 진리를 도출하는 방법을 체계적으로 기술했다. 과정은 다음과 같다.

극단적 의심으로 자신의 존재를 확신했으니 이 확신을 바탕으로 신의 존재를 확신한다는 것이다. 인간은 불완전하여 영원하지 않은 유한한 존재이지만 생각 속에는 무한하고 영원불멸하고 완전한 존재, 즉 신에 대한 표상이 존재한다. 데카르트는 '완전한 것이 불완전한 것에서 나올 수 없다'고 생각했다. 그래서 신이라는 표상은 인간에게서 나온 게 아니다. 쉽게 말하자면 내가 존재한다는 것이 확실하고, 내가 신을 생각한다는 것도 확실하다. 그러나 신이라는 존재는 감각을 통해 알아낸 것도 아니고, 내가 생각해낼 수 없는 것인데 난 이미 '있다고' 생각하기 때문에 확실히 존재하는 것이다.

완전한 것에서 불완전한 것은 나올 수 있지만
불완전한 것에서 완전한 것은 나올 수 없다.

데카르트는 이로써 신의 존재가 증명됐다고 생각했다. 신이 확실하게 존재한다면 인간이 명백하고 확실하게 생각하는 모든 것은 사실이라고 확신할 수 있다. 신은 완전하므로 교활한 악마처럼 인간을 기만하지 않기 때문이다. 인간 자신이 이성을 올바로 사용해 주의를 기울인다면 분명하고 명백하게 참으로 생각되는 것이 나오는데 이것은 참이다.

이처럼 데카르트는 자신의 존재를 논증하고 곧이어 신의 존재를 진리의 원천으로 규정한다. 그리고 신으로부터 받은 이성이 더할 나위 없이 명백하게 판단하는 것은 참일 수밖에 없다는 결론을 도출했다. 이에 대한 현대의 평가는 이 책에서는 잠시 밀어두자. 이

책은 어떤 사고과정을 거쳐 세상을 이해하려 했는지에 집중한다.

정신과 물질의 분리

데카르트는 우리의 몸에 있는 물질을 의심했고, 그래서 그것을 빼 보았다. 물질을 빼더라도 우리는 생각할 수 있다. 우리가 생각하는 것이 참이 아니라도 생각하는 것이므로 존재한다. 이런 관점에서 정신이 물질과 분리될 수 있다. 이처럼 데카르트는 물질과 정신의 이원론을 주장했다.

데카르트에게 생각은 육체를 지배하는 정신에서 나오는 것이다. 데카르트가 말하는 '생각하는 자아'는 당시까지 볼 수 없던 완전히 새로운 것이었다. 중세 때의 자아는 숨어 있거나 본능적 욕구와 욕망에만 치우친 그 어떤 것이었다. 물론 육체적 욕망 중심의 자아로 상징되는 르네상스 시대의 자아와도 확연히 구분된다. 새로운 자아는 육체적 욕구와 욕망과는 완전히 구분된 근대적 자아였다. 새로운

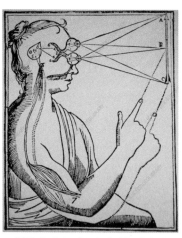

이원론의 예시. 외부의 대상은 감각 기관을 통해 입력돼 뇌의 송과체로 전달되고 (여기까지가 물질) 다음 단계는 정신이 담당하여 외부 대상을 인지하게 된다.

자아는 세상의 문제를 교회의 권위에 맡기지 않고 과학이 판단하도록 하는 데 커다란 영향을 미쳤다.

그런데 근대적 자아가 꼭 정신과 물질을 이원론으로 구분해야만 도출되는 건 아니다. 정신과 물질에 관한 아이디어는 다양하다. 스피노자와 라이프니츠도 데카르트와 같이 이성으로 모든 것을 알 수 있다고 믿었다. 라이프니츠는 왜 이성이 진리를 획득하는 열쇠인지 증명하지 않은 채 이성의 중요성을 주장할 정도로 이성을 맹신했다. 이들 모두 데카르트처럼 진리를 얻는 연역적 방법으로서 수학적 체계를 적용하였다. 하지만 스피노자는 정신과 물질은 한 가지 실체의 두 속성이라고 생각해 일원론을, 라이프니츠는 다원론을 주장했다.

이성으로 알아낸 자연

우리가 일상을 살다 보면 의심스럽더라도 어쩔 수 없이 받아들여야 하는 일들이 있다. 때에 따라서는 올바로 보이는 쪽이 있는데도 다른 쪽을 선택할 수밖에 없기도 하다. 그래서 데카르트는 자신의 방법(이성 사용 방법론)을 일상생활에 사용하라고 권고하지 않았다. 진리를 추구하는 데만 사용하라는 말이었다.

이성으로 진리를 추구하기에 가장 좋은 학문은 바로 자연과학이었다. 데카르트는 자신이 자연 현상을 올바로 이해하는 방법을 획득했다고 믿었다. 이성 사용 방법론을 바탕으로 그가 설명한 자연과학 분야는 수학을 포함해 심리학, 생리학, 물리학, 우주론, 운동학, 화학, 자기학, 금속학, 기상학, 지구과학 등 많은 분야를 망라한다. 그는 자신이 알아낸 자연과학의 진리를 알리는 데 주저하지 않았고 오히려 전도사임을 자처했다. 그중 몇 가지를 소개한다.

데카르트는 하비의 혈액순환에 관한 연구 결과(17세기의 의사였던 윌리엄 하비는 피는 간에서 만들어지고 정맥을 따라가다가 말단에서 소멸한다는 당시의 이론을 뒤집고 혈액이 심장의 심방과 심실을 통해 순환한다는 현대적인 이론을 주장했다)를 이해하고 하비가 심장에 대해서 미처 알아내지 못한 것을 자신의 이성을 동원하여 알아냈다고 《방법서설》에서 설명했다. 데카르트에 의하면 심장은 인체 중 가장 뜨거운 부분이고 증류수를 만들어내는 곳이다. 그러나 이는 틀린 주장이다. 인체의 다른 장기나 부위에 비해 심장이 가장 뜨겁지 않다. 물론 증류수를 만들어내는 곳도 아니다.

데카르트는 일반인을 이해시킬 목적으로 자연과학 분야를 다양하고 광범위하게 저술한 《철학의 원리》를 출판했다. 책은 모두 4부로 구성되어 있다. 1부는 인간 인식에 관한 제반 원리를 보여주고 진리 추구가 어떻게 이루어지는지 다룬다. 언급된 바와 같이 전제는 그의 존재와 신의 존재다. 이 둘이 으뜸 원리임을 보이고 신의 창조물인 인간이 올바로 생각한 것은 진리라는 점을 논증한다. 그러므로 2부부터 설명하는, 자신의 자연에 관한 설명은 모두 사실이라고 주장하는 셈이다. 2부는 물질에 관한 원리로서 우주, 물질, 연장(물질이 차지하는 곳, 공간이라고 이해하면 되지만 데카르트는 공간은 없다고 생각했다), 시간, 운동 그리고 운동과 충돌의 법칙을 다룬다. 3부는 우주에 관한 것으로 태양과 행성의 생성, 유성 및 혜성에 관한 여러 현상을 설명한다. 4부는 지구의 내용과 형성을 다룬다. 그리고 자석에 관한 긴 설명이 나오고 감각 생리에 관해서도 기술하고 있다. 책은 자연과학의 전반적 내용을 다루고 있어 가히 백과사전이라 할 만하다. 데카르트 자신도 자연과학의 모든 분야를 망라했다고 생각했을 것이다. 책의 가장 큰 장점은 일반인도 비교적 이해하기 쉽게 기술되어 있다는 점이다. 그의 설명은 합리적이고 그럴듯하다. 이 가운데 몇 가지를 발췌하여 설명을 들여다보자.

데카르트는 아리스토텔레스가 말한 운동의 원인설을 더욱더 확장해 물체는 외부의 구속을 받지 않으면 직선상에서 운동을 계속하려는 경향이 있다고 기술한다. 정지 상태의 물체는 정지하려는 경향이 있다는 내용도 포함한다. 이는 갈릴레이의 관성 개념을 좀 더 구체화한 것이다. 후일 뉴턴이 말한 관성 개념과 거의 같은 법칙이었다. 뉴턴이 이를 참조한 것은 확실하다. 그러나 또한 데카르트는 운동이란 우주를 채운 여러 입자가 소용돌이 쳐서 발생하는 것으로 생각했다. 관성과 소용돌이 이론은 통일되지 않아 천상과 지상의 운동이 양립하므로 혼란을 일으키는데, 데카르트는 이를 알아채지 못한 듯하다.

소용돌이 이론은 별의 생성과 운행, 지구의 물질 변화에도 적용됐다. 데카르트의 우주에는 진공 상태가 없다. 그에게 우주는 오직 연장을 의미하는 공간이고 연장은 곧 물질을 뜻하기 때문이다. 그러므로 우주 공간에는 눈에는 보이지 않는 입자가 가득 차 있다. 여기서 한 입자가 다른 입자를 밀면 입자들이 원형의 흐름을 만든다. 이 소용돌이의 중심에서 물질 입자들이 찌그러지며 마찰이 일어나 열과 빛이 방출된다. 이 중심에서 생긴 것이 태양이고, 소용돌이 중심에서 멀리 떨어져 뭉친 물질 입자가 행성이 되었다. 이렇게 생성된 각각의 행성이 태양 주위에 거대한 소용돌이를 만들고 이 소용돌이의 구획을 따라 행성이 움직인다. 그러므로 각 소용돌이의 경계가 행성의 궤도다.

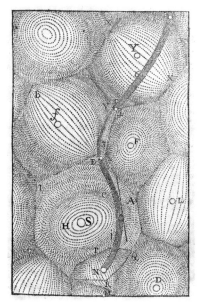

소용돌이들과 각각의 경계. 소용돌이의 회전 흐름으로 경계에서 행성들이 돌게 된다고 주장했다.

지상 공간은 불, 공기, 흙의 원소로 채워져 있고 이를 플레넘이라고 명명했다. 다른 어떠한 감각적 속성이 없이도 크기, 모양, 운동, 배열만으로 물질을 정의해도 차가움, 뜨거움, 습함 등의 질적인 개념을 끌어낼 수 있을 것이라 믿은 데카르트는 플레넘을 구성하는 작은 원소가 충돌해 자연의 크고 작은 변화와 물체의 운동 변화를 일으킨다고 보았다.

데카르트는 서로의 운동에 계속 관여한다는 개념을 인체의 신경계에도 적용했다. 마치 수압으로 분수에서 물이 뿜어져 나오듯이 감각도 역학적인 작용이라고 했다. 또 데카르트는 송과선(뇌 속에 있는 작은 내분비기관이다. 수면 패턴을 조절하는 멜라토닌을 만들어 내는데 대뇌 밑, 시상 상부에 있다)에 영혼이 있다고 주장했다. 송과선은 신경계의 중심으로, 인체가 감각으로 받은 외부 대상이 일종의 압력파 형태로 송과선으로 모여들고 신경회로를 거쳐 신체 근육으로 전달돼 근육이 반응한다는 것이다.

데카르트는 베이컨이 실험을 지나치게 옹호한 것과 상반되게 논증으로 진리를 획득할 수 있다고 지나치게 믿었다. 그는 갈릴레이가 실험으로 아리스토텔레스 체계에 반하는 결과에 도달한 시기 직후의 인물이다. 그런데도 이성만 올바르게 사용하면 자연을 이해할 수 있다고 주장했다. 현대에 와서 밝혀진 바에 따르면 자연 현상에 관한 데카르트의 설명 대부분은 사실이 아니다(하지만 오늘날 스넬의 법칙으로 알려진 빛의 굴절 법칙은 데카르트가 독립적으로 밝혀냈다. 그 외 관성과 운동량의 정의가 데카르트로부터 나온 것이란 입장도 있다). 진공이 없다는 주장과 빛의 속도가 무한이라고 한 주장은 틀렸으며 지구가 극 쪽으로 더 길다는 추론도 사실이 아니다. 앞에서 말한 심장에 대한 주장, 별들의 운행에 관한 소용돌이 이론, 자석 자성의 근원에 대한 괴이한 논리 등 모두 틀렸다. 아리스토텔레스의 개념을 반박하는 자신의 이론을 제시하지만 탐구하는 방법은 비슷했고 아리스토텔레스의 핵심인 목적론을 수용한다.

그는 연역법을 과학적 진리를 얻는 방법으로 상정했기에 문제가 있었다. 실험이나 관측에 근거하지 않고 과학적 진리를 얻어내는 것은 불가능하다는 것을 17세기의 데카르트는 이미 보여주었다. 이성적 사유를 사용하는 방법은 연역적일 수밖에 없다. 그의 방법은 과학을 하는 방법이 아니라 철학을 하는 방법이었다.

데카르트의 유산

이성으로 더할 나위 없이 명백하게 생각한 것이 진리라는 확신은 자연과학에 대한 설명 대부분을 틀리게 만들었다. 그와 동시대를 산 케플러, 갈릴레이, 하비 등 다수의 과학자는 관찰과 실험으로 자연 현상을 올바르게 설명했다. 그의 방법대로라면 자연의 여러 현상을 아는 데 필요한 으뜸 원리는 신으로부터 받은 인간 이성이다. 그런데 이것만큼 으뜸 원리로서 모호한 것은 없다.

그러나 데카르트의 이성 사용 방법이 자연과학에는 적용되지 않는다고 하더라도 그의 기본적인 생각이 가치 없는 것은 절대 아니다. 오히려 그가 극단적으로 확실성을 추구한 덕분에 서구 철학의 흐름이 바뀌었다. 세상에 대한 지식을 이성으로 획득할 수 있다는 그의 논리는 합리주의 철학 사조를 탄생시켰을 뿐만 아니라 그와 상반된 경험주의 철학이 등장하는 데도 중요한 역할을 했다.

데카르트 이후 사람들은 '내가 무엇을 알 수 있는가'를 주 질문으로 삼게 됐다. 오늘날, 명백한 사실을 구축하려면 이성에 의해 통제된 관찰이나 실험이 필수라고 생각하게 된 것도 따져보면 그의 이성 사용 방법에 대한 담금질이 있었기 때문이다.

데카르트처럼 과도기에 서 있던 사람도 드물 것이다. 그는 이성 사용의 연역적 방법으로 근대철학을 열었다고 평가받고 있고 그의 자연과학은 유럽 대학에서 교재로 쓰일 만큼 영향력이 컸다. 훗날 뉴턴의 물리학으로 대체되기 전까지 수십 년 동안 그의 자연과학은 광범위하게 진리로 여겨졌다. 뉴턴도 대학 시절에 데카르트의 자연과학을 배운 바 있다. 프랑스에서 데카르트가 근대철학 및 과학의 창시자라고 주장하며 그의 철학을 중·고등학교에서 배우는 이유도 단지 그가 프랑스인이어서가 아니다. 설령 많은 부분이 틀렸을지라도 이성의 역할에 대해 전혀 새로운 주장을 그가 펼쳤기 때문이다.

뉴턴

(1643 ~ 1727)

만유인력이라는 법칙으로 세상을 예측할 수 있다

실험을 해보니 세상은 완벽하게
수학적으로 움직이고 있었어.
위치와 가속도만 알면
미래의 세상까지도 알 수 있어.

뉴턴의 업적은 인류 이성의 역사에서 가장 경이롭다고 할 수 있다. 그는 실험이나 관측으로 자연을 본 갈릴레이나 이성의 올바른 사용으로 진리를 획득할 수 있다는 데카르트의 주장을 올곧이 뛰어넘었다. 뉴턴은 실험과 관측을 바탕으로 자연 법칙을 발견했을 뿐만 아니라 이를 수학 방정식으로 구현해 자연의 미래마저 예측할 수 있는 진리를 알아낸 천재였다. 미래의 일을 정확히 예측할 수 있으므로 인간의 힘으로 자연을 제어할 수 있게 되었다. 인류의 역사에서 이런 일은 단 한 번도 일어나지 않았다.

인류 문명은 뉴턴 이전과 이후로 분명히 나뉜다.

혼돈의 상황

뉴턴의 시대는 이미 케플러가 태양계 행성의 운동에 관한 세 가지 법칙을 발표했고 갈릴레이가 지동설의 증거 등을 찾은 다음이었다. 천상의 운동뿐 아니라 지상의 운동도 아리스토텔레스의 운동학에서 갈릴레이의 운동학으로 대체돼 많은 이해가 이루어지고 있는 상태였다. 또 여러 자연 현상을 설명한 책들이 많이 출간되고 있었다.

이 시기, 수학 분야에서의 중요한 이슈는 곡선의 접선을 구하는 방법과 곡선이 차지하고 있는 영역의 면적을 구하는 방법을 알아내는 것이었다. 오직 기하학적인 방법만으로 풀려는 학자들에게는 난해한 문제였다. 그런데 좌표계가 도입돼 기하학적 도형을 수식으로 표현할 수 있게 되자 곡선을 방정식으로 표현하기 시작했고, 곡선을 무한히 나눠서 접선을 구하거나(미분) 무한이 나눈 도형을 다시 쌓아서 면적을 구하는 여러 방법(적분)이 도출되었다. 뉴턴이 활동하던 무렵은 물리적으로나 수학적으로 분명히 자연 현상의 이해에 한발 더 나아간 때라 포괄적인 무엇인가가 제시될 만한 기틀이 마련된 것은 분명했다.

하지만 다른 한편으로 일관성이 전혀 없었다. 케플러가 태양 주위를 도는 행성의 궤도가 타원이라고 주장했지만 갈릴레이는 여전히 원을 고집했다. 혜성이 천체라는 사실이 이미 반세기 전에 브라헤에 의해 밝혀졌어도 갈릴레이는 여전히 기상 현상의 하나로 여겼다. 또한 경사면 실험에서 나타난 물체의 새로운 운동 법칙을 일반 상황에까지 적용할 수 있을지 확신하지 못했다. 무언가 물체의 운동 전체를 관장할 법한 법칙이 없었다.

갈릴레이는 경사면 실험으로부터 물체가 운동 상태나 정지 상태를 유지하려는 경향이 있다고 추론했다. 데카르트도 갈릴레이와 비슷하게 물체는 직선 운동을 고수하려는 성질이 있다고 생각하면서도 한편으로 행성들이 우주 입자의 소용돌이 때문에 곡선 궤도를 유지한다는, 상호 연계성이 없는 주장을 했다. 이렇듯 당시 상황은 단편적으로 사실이고 부분적으로만 진실인 혼돈 상태였다. 지상과 천계의 운동은 서로 양립한 채로 있을 뿐 여전히 고대 물리의 흔적을 깨끗이 씻어낼 만한 동력이 없었다. 지상과 천계의 현상이 깔끔하게 통합될지, 혹은 그것이 가능할지 전혀 모르는 상태였다.

데카르트의 의심과 갈릴레이의 실험

아이작 뉴턴은 갈릴레이가 죽은 해에 태어났다. 그의 조용한 성격은 학문을 학습하는 데 이점이 됐다. 뉴턴은 아리스토텔레스의 자연과학을 섭렵했고 물질의 기본, 물체의 운동, 공간, 우주의 유한 여부, 시간 등 자연의 근본적 주제를 깊이 사유했다. 물론 르네상스 이후에 알려진 새로운 지식도 놓치지 않았다. 하지만 이런 지식이 그의 알고자 하는 왕성한 욕구를 충족시킬 수는 없었다. 그는 모든 게 궁금했다. 누가 강요하지 않는 순수한 호기심이 그를 지배했다. 궁금증을 해결하는 방법과 논증에 이르는 길을 데카르트와 갈릴레이에게서 발견했다. 실험과 올바른 이성적 추론 외에 다른 것이 없었다.

뉴턴은 페스트 때문에 휴교령이 내려져 귀향한 집에서 물리학의 길을 본격적으로 걷기 시작했다. 뉴턴은 빛과 수학 그리고 역학에 집중해 단 2년 동안 놀라운 발견을 했다. 우선 그의 관심은 '물체가 일정 시간 동안 이동한 거리를 알 때, 특정 순간의 속도는 어떻게 알 수 있을까'였다. 이는 갈릴레이가 일정한 가속도로 운동하는 물체의 속도를 구한 것과는 다른 문제였다. 속도가 계속 변하는 운동에서 순간 속도를 구하는 수학적 방법을 개발하는 건 더 어려웠다.

물체의 운동은 연속적이고 끊어지지 않으므로 수학적 점을 이어 곡선의 형태로 기술할 수 있다. 곡선은 물체가 움직이는 경로를 나타냈고 접선은 운동이 일어나는 순간의 방향을 표현했다. 물체가 지점 A에서 B까지 움직인다고 해보자. 물체는 이동하면서 A와 B

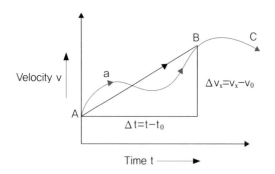

속도(y축)와 시간(x축)의 관계 그래프. 시간에 따라 속도가 계속 변하므로 A와 B 지점의 정보로부터 구해지는 평균속도는 의미가 없다.

사이의 모든 점을 지난다. 지나는 물체가 얼마나 빠른지 또는 느린지를 고려하면 운동을 파악할 수 있다. 관건은 곡선의 특정 지점에서의 기울기를 찾고 무한히 나눈 곡선을 더해서 넓이를 구하는 방법을 알아내는 것이다.

뉴턴은 역학적 곡선의 기울기를 구하고 곡률을 측정해 기하학과 운동을 결합했다. 속도는 거리에 대한 시간의 변화율이고 가속도는 속도에 대한 시간의 변화율이다. 이게 미분이고 이를 뒤집으면 적분이다. 그러므로 수학의 미적분은 물체의 동역학을 측정하는 필수 요소가 됐다. 이로써 시간과 공간은 결합했고, 속도와 면적은 전혀 다른 개념인 듯 보이지만 실은 같은 종류라는 게 밝혀졌다. 이제 어떠한 복잡한 운동도 미적분을 이용해 함수로 표현할 수 있게 됐고 동역학의 기본적인 물리량인 속도와 가속도를 구할 수 있게 되었다. 물론 수학으로서 미적분학은 아직 확실하게 완성된 건 아니었다.

뉴턴은 지구 주위를 돌고 있는 달이 매우 빠른 속도로 움직이는 거대한 별이라는 것을 알고 있었다. 궁금한 것은 달이 어떻게 움직이는가였다. 데카르트가 말한 것처럼, 소용돌이가 만든 구역을 따라 돌고 있는지 아니면 다른 이유가 있는지를 되새김하였다. 그런데 돌고 있는 것은 또 있었다. 지구 자체가 돌기 때문에 지표면의 모든 것 또한 엄청난 속도로 돌고 있다. 나무에 열려 있는 사과 또한 돌고 있다. 다만 사과는 줄에 매달린 돌처럼 바깥쪽으로 힘을 받는 게 아니라 지표면으로 떨어진다. 뉴턴은 이들 각각이 지구와 작용하는 같은 힘 때문에 달이 지구를 돌고 사과가 떨어진다고 생각했다. 그러나 구체적으로 어떻게 설명해야 할지 확신하지 못했다.

또한 뉴턴은 선대 과학자(특히 데카르트)의 빛에 대한 설명을 반박하기 위해 신체적인 위험을 무릅쓰는 걸 주저하지 않았다. 대표적인 실험이 자신의 눈을 찌르는 안구 실험이었다. 데카르트는 빛이 일종의 압력이라고 했으니, 자신이 직접 안구에 압력을 가하면서 빛이 어떻게 변하는지 보려는 의도였다.

뉴턴은 본격적으로 빛을 연구하기 위해 집에 렌즈와 프리즘 등 광학 기구를 갖춘 암실을 만들었다. 이 실험으로 빛은 굴절률이 서로 다른 광선으로 이루어져 있음을 처음으로 발견했다. 무지개색은 프리즘이 만드는 것이 아니라 빛의 고유한 속성이었다. 이전의 학자들은 바이올린의 현이 소리를 내듯이 프리즘이 색을 낸다고 생각하고 있었다. 뉴턴은 빛이 나뉘는 이유를 입증했을 뿐만 아니라 보통의 빛은 여러 빛이 합쳐져 백색을 띤다는 것도 알아냈다.

뉴턴의 빛에 관한 연구는 과학이 구체적인 실험에 기반하고 있다는 것을 보여준 전형적인 사례다. 그는 현상을 올바로 알고자 바늘을 안구에 넣거

안구 실험 기록을 남긴 뉴턴. 안구 깊숙이 뜨개바늘을 집어넣는 행위는 매우 위험한 일이다. 그의 호기심이 얼마나 왕성한지 보여주는 사례다.

나 거울에 비친 태양을 맨
눈으로 보는 등 몸을 아끼지
않았다. 또한 프리즘과 렌
즈를 이용한 온갖 장치를 만
들어 아리스토텔레스와 데
카르트가 주장한 빛에 관한

과학 실험을 위해 뉴턴은 집에 암실을 만들었
다. 그림은 뉴턴이 직접 쓴 실험노트다.

이론이 잘못됐음을 증명했다. 그는 끊임없는 실험으로 얻은 지식을
응용해 반사 망원경을 만들기도 했다. 이 시기에 운동학과 역학 및
광학 분야에서 이룬 업적만으로도 그는 뛰어난 과학자였다. 모든
일은 1665년부터 1666년까지, 단 2년 동안 일어났다. 그러니까 그
의 나이 20대 초반이었다.

세상을 설명하는 단 한 가지 힘

모든 물체가 서로 끌어당긴다는 사실을 20대에 깨달은 뉴턴은
그 외에 행성을 돌게 하는 다른 이유가 있을 것으로 생각했다. 그것
은 데카르트의 소용돌이 이론이었다. 행성의 생성과 운동을 소용돌
이로 설명한 이론은 이해하기 쉽고 그럴듯해, 당시 사람들은 이 이
론을 당연시했다. 더군다나 중력이란 단어는 사용되지 않았고 힘이
질량에 기인한 어떤 것이라는 것을 알지 못하던 시기였다.

만유인력의 법칙은 그로부터 20년이 지난 후에 공표됐다. 만유인

력은 지상이든 천상이든 관계 없이 질량을 가진 물체라면 보편적으로 적용되는 힘이다. 소용돌이가 만든 구역을 따라 행성이 돈다는 것이나, 눈에 보이지 않는 입자가 끊임없이 하강하면서 물체를 아래쪽으로 밀어냄으로써 중력이 생긴다는 소용돌이 이론에는 아무런 증거가 없었다. 소용돌이 가설은 별들의 운동을 불분명하게 만들뿐이라는 결론에 도달했고, 모든 물체는 오직 중력의 영향으로 수학적 자연법칙을 따르면서 우주를 떠다니고 있다고 설명하면 모든 것이 해결된다고 생각했다.

법칙은 논증과 실험의 결합으로 완성된 수학적 자연과학 체계다. 뉴턴은 이를 《프린키피아(Principia)》를 통해 완벽하게 선보였다. 데카르트는 《철학의 원리》에서 거의 모든 자연 현상을 설명했다고 자부했지만 실제로 자연을 올바로 설명한 책은 《프린키피아》다. 뉴턴은 공리, 명제 등의 용어를 사용해 논리 증명에 완벽을 추구한 유클리드의 《기하학원론》과 같은 서술 방식을 사용했다. 《기하학원론》이 공리에서 시작하는 것처럼, 《프린키피아》도 질량, 운동량, 관성질량, 힘의 개념, 구심가속도 등 몇 가지 물리량을 정의하면서 시작한다.

용어를 정의한 뉴턴은 주저 없이 세 가지 법칙을 발표한다. 제1법칙은 모든 물체는 외부에서 힘을 받아 그 상태가 변하지 않는 한, 정지 상태나 직선상의 일정한 운동 상태를 유지한다는 관성의 법칙이다. 갈릴레이와 데카르트의 원리를 개선해 좀 더 분명하게 표현했다. 또 관성의 법칙에 근거해 외부로부터 힘을 운동량($p=mv$)의 변화로 규정했다. 어떤 입자에 작용하는 힘은 그 입자의 질량에 가속도를 곱함으로써 구할 수 있다는 $F=ma$가 제2법칙이다(아리스토텔레스 운동학에서의 힘은 질량에 속도를 곱한 $F=mv$였다). 뉴턴의 제2법칙은 제1법칙의 수학적 표현이며, 특정 시간에 어떤 입자에 작용하는 전체 힘과 가속도, 질량 사이에 불변적이고 매우 단순한 수학적 관계가 있음을 말해준다. 제3법칙은 모든 작용에 대해 반드시 반작용이 있는데 크기는 같고 그 방향은 반대라고 기술한다. 뉴턴은 이 법칙을 공리로서 제시하고 자신의 추론과 증명에 사용했다. 이로써 뉴턴은 두 물체 사이의 힘은 질량의 곱에 비례하고 그들 간 거리의 제곱에 반비례한다는 만유인력의 법칙을 발표하였다.

《프린키피아》의 본래 제목은 《자연 철학의 수학적 원리(Mathematical Principles of Natural Philosophy)》다. 갈릴레이와 데카르트의 공격으로 비틀대던 고대 자연과학은 《프린키피아》가 출간된 1687년에 결국 종말을 고한다.

프린키피아에는 미적분학이 등장하지 않는다. 난해한 미적분학을 사용하는 대신에 사람들이 상대적으로 접근하기 쉬운 정통 기하학으로 설명을 시도한다. 삼각형과 평행사변형에 대한 기하학적 사실을 증명하고 이로부터 달과 조석 관계를 설명하는 등 모든 현상을 설명하는 데 기하학을 이용했다. 하지만 무한대와 무한소의 개념이 들어가 있으므로 사실상 미적분을 얘기한 것과 다름없다.

뉴턴은 빼어난 수학 능력으로 케플러의 행성 운동 법칙을 모두 설명한다. 관성의 법칙에 따라 원래 행성은 무한히 직선 운동을 하려 하는데, 태양으로부터 끌리는 힘을 받아 궤도를 가지게 된다는 것이다. 구심력과 케플러 3법칙으로부터 힘이 거리의 제곱에 반비례한다는 것도 유도해낼 수 있었다.

뉴턴의 세 가지 법칙으로 힘과 운동 사이의 관계가 정립됐고, 만유인력의 법칙으로 질량을 가진 물체가 서로 어떻게 끌리는가가 알려졌다. 행성이나 항성 등 별의 운동이나 지상에 있는 물체의 운동에 같은 법칙이 적용된다. 지상과 천체의 운동을 설명하는 통일 법칙이 제시된 것이다. 만유인력의 법칙에서 두 물체 사이에 작용하는 힘은 뉴턴 제2법칙과 등식이 되어 방정식을 이룬다. 미분방정식을 풀어 해를 구하면 물체의 운동을 알 수 있다. 물론 만유인력은 케플러의 3법칙으로부터 나왔으므로 역으로 이 방정식으로부터 케

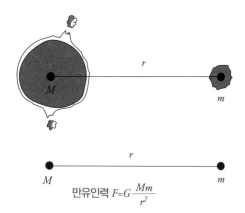

만유인력 $F = G \dfrac{Mm}{r^2}$

플러의 세 법칙을 유도할 수 있고 뉴턴은 이를 증명했다.

세상이 돌아가는 보편적 모델

뉴턴이 가장 어려워했던 부분은 물체의 형상이나 크기를 무시하고 오직 질량 값으로만 힘을 묘사할 수 있느냐는 것이었다. 법칙을 만드는 사람에게는 대단히 심각한 문제가 아닐 수 없다. 예를 들어 지구의 모든 물질은 중심의 어느 한 점에 집중돼 있지 않고 거대한 구의 체적 전체에 퍼져 있다. 그러므로 중력을 계산하려면 지구상 모든 물질의 질량에 의해 발생하는 힘을 모두 더해야 한다. 그런데 지구의 표면은 매끄럽지 않고 산과 계곡이 있다. 그러므로 지표면에 있는 물체는 아래로 힘을 받기도 하고 옆으로도 힘을 받을 것이다.

힘이 오직 질량 값에 의존한다는 대담한 가정은 태양계에서 행성의 운동이나 지상에서 던진 물체의 운동 등이 오직 질량값에 의존한다는 면에서 보면 맞는 가정이다. 그러나 이를 증명해야 한다. 뉴턴은 복잡한 구형의 중력이 마치 중심에 질량이 밀집해 있는 경우의 중력과 같다는 것을 보였다.

뉴턴이 제시한 만유인력의 법칙은 우주의 모든 입자는 서로 끌어당기는데 그 힘은 질량에 비례하고 거리의 제곱에 반비례한다고 말한다. 만유인력의 법칙은 관련된 수많은 자연 현상을 모두 설명할 수 있는 수학적 원리 같은 것이므로 보편성을 띤다. 광범위하게 일반성을 가지고 있어서 단지 케플러 법칙을 설명할 수 있을 뿐만이 아니라 지구와 천체에서 일어나는 여러 물리적 의문점을 명쾌하게 풀어주었다. 법칙 하나로 모든 것이 설명된 것이다.

질량을 가진 물체라면 어떤 것이든 중력을 가지고 있다. 지구 중심을 향해 물체를 끌어당기는 힘은 지구상의 물체와 천상의 달에도 골고루 영향을 끼친다. 또한 힘은 태양 주위를 도는 지구가 궤도를 유지하도록 해주기도 한다. 태양이 행성에 영향을 주듯이 목성은 위성에 같은 방법으로 영향을 준다. 이들은 질량에 비례해 서로를 끌어당긴다. 달도 지구를 끌어당긴다. 달과 태양의 중력이 합쳐져 만조가 되면 매일 바다 수면이 높아진다. 만유인력의 법칙은 지구가 왜 동그란 형태를 띠고 있는지, 적도가 왜 약간 부풀어 있는지를 설명한다. 중력 때문에 지구가 구형인 것이고 지구의 회전으로 말미암은 원심력 때문에 적도 쪽이 약간 부풀어 올라 있는 것이다. 달의 운동 및 대양의 조수간만 효과도 설명할 수 있을 뿐만 아니라 근일점(태양 주위를 도는 천체가 태양과 가장 가까워지는 지점)의 이동 또한 계산할 수 있다. 이제 우리는 태양계 모든 행성의 경로를 계산할 수 있다. 몇 날 몇 시 몇 분 몇 초에 토성이 어디에 있는지도 안다.

1846년 해왕성을 찾아낸 사건은 더 극적이다. 1781년 윌리엄 허셜이 천왕성을 발견했으나 궤도가 이상했다. 만유인력의 법칙과 맞지 않는 궤도를 그리는 것이다. 그러자 1845년 프랑스의 천문학자 위르뱅 르베리에는 만유인력의 법칙이 맞는다면, 또다른 행성이 있어야 한다고 가정한 후 그 위치를 계산해냈다. 그리고 1년 후 르베리에가 계산한 그곳에서 해왕성을 발견했다. 만유인력이 정확하다는 것을 다시 한번 증명한 것이다.

공간은 존재하는가

뉴턴 역학을 이용하면 지상의 운동이건 천계의 운동이든 예측이 가능하다. 이처럼 시간에 따른 입자의 위치를 예측하는 이론이 성립하려면 공간이 실제로 존재해야 한다. 공간이 없으면 미래에 입자(혹은 물체)가 위치할 곳도 없기 때문이다. 다시 말해, 만약 이론이 미래를 예측할 수 있다면 공간이 독립적으로 존재한다는 것을 전제로 해야 한다. 이게 무슨 말일까?

아리스토텔레스에서 데카르트에 이르기까지 기존 과학자들은 공간이 단지 물체의 점거를 규정하는 역할을 할 뿐이라고 주장해 왔다. 그러므로 어떤 물체의 위치를 단독으로 규정하는 것은 무의미하고 물체 간의 거리만 의미 있다고 생각했다. 공간이 존재하지 않으면 물체를 특정하는 방법은 물체 간의 상대적 거리를 재는 것뿐이다. 즉, 관계주의자는 어떤 물체를 다른 물체로부터 얼마만큼 떨어져 있다고 특정할 수밖에 없다. 이를 관계주의 공간이라 하는데, 여기서 공간은 단지 수학의 좌표계처럼 가상적이다. 뉴턴은 공간을 단순히 물체 사이의 관계를 설정하려고 머릿속에 떠올린 추상체나 좌표계의 공간이라고 생각하지 않았다. 오히려 공간이란 실제로 존재하는, 물질과는 독립적으로 존재하는 실체라고 주장했다. 이를 절대공간이라 한다. 절대공간에서 공간은 크기와 형체가 있고 모든 곳을 채운다. 뉴턴은 관계주의 공간을 주장하는 데카르트 주의자들과 큰 논쟁을 벌였다. 이 이슈는 철학자 칸트가 절대공간을 지지하며 다시 점화하기도 했고, 아인슈타인이 공간을 새롭게 정의 내리며 새로운 국면을 맞기도 했다. 오늘날에도 '공간이란 무엇인가'라는 주제는 논쟁 중이다.

라플라스의 악마

《프린키피아》가 출판된 후에 반발도 만만치 않았다. 사람들은 《프린키피아》에 그 어떤 종교적 언급이 없는 것을 불편해했다. 자연의 신비를 오로지 정량적 숫자로 나타내는 이론은 비인간적 자연주의의 산물일 뿐이라고 비난했다. 심지어 인력의 개념을 잘못 이해하고 엉뚱하게 비난하는 사람도 많았다. 태양과 행성 사이의 힘이 인력임에도 서로 다가가지 않고 도는 것은 신의 개입 때문이라고 우겼다. 이에 대해 일언반구 없는 《프린키피아》의 뉴턴 이론은 불완전하다는 것이다.

또 당시 과학자들로부터 거세게 비난받기도 했다. 《프린키피아》에는 아리스토텔레스 자연과학 체계에 관한 언급도 전혀 없다. 그리고 태양계 운동의 원인을 설명하지 않고 오직 현상적 사실만 설명했다. 더군다나 만유인력 법칙의 구조상, 질량만 있으면 힘이 순식간에 전달된다고 볼 수밖에 없는데 그 이유에 대한 설명이 없다. 이러한 것이 데카르트 주의자들이 거세게 반발한 이유였다. 그들은 소용돌이 이론은 행성이 어떻게 생성됐는지도 설명하는 데 비해 뉴턴 이론은 그렇지 못하다고 비난했다. 또 태양과 행성 사이의 거리가 수백만 킬로미터가 넘는데 둘 사이에서 중력이 순식간에 작용한다는 개념 자체가 초자연적이어서 이론은 틀렸다고 주장했다.

비난은 있고 대안은 없는 형국이었다. 결국 누가 반대하든 뉴턴 역학이 계속 증명되었기에 별 문제는 아니었다. 18세기는 뉴턴 역학을 검증한 시대라고 해도 과언이 아니다. 순수하게 미적분학도 연구되고 있었고 뉴턴 역학으로 자연 현상을 설명하는 과정에서도 수학이 크게 발전할 수 있었다. 수학의 발전은 역으로 뉴턴 물리학을 검증하는 데도 결정적인 역할을 했다. 라그랑주는 역학 분야에서 결정적인 연구로 평가받는 분석역학을 완성했다. 라플라스는 행성의 위치 등을 뉴턴 역학으로 계산할 수 있음을 보여주고 《천체역학》이라는 책을 남겼다. 라플라스는 뉴턴 체계의 정확성에 매우 감탄하였다. "과거와 현재 및 미래를 모두 알고 있는 무한한 지혜를 가진 악마가 아니고선 불가능한 일"이라고까지 말했다.

뉴턴이 끼친 영향

뉴턴의 역학 체계에서 비롯된 오늘날까지의 물리학은 수학을 중시하는 전통을 따른다. 뉴턴 물리학으로 입지가 견고해진 근대 과학은 초자연적인 개입이나 인간성을 고려할 필요가 없게 됐다. 자연 현상의 미래를 예측할 수 있다는 사실은 사람들에게 깊은 인상을 남겼다. 인간의 이성이 이토록 명료한 적은 인류 역사상 없었다. 당연히 뉴턴은 모든 분야에 커다란 영향력을 행사하게 되었다.

과학 혁명의 정점에는 뉴턴의 역학 체계가 있다. 뉴턴은 고대 자연과학의 근간을 뿌리째 뽑아버렸다. 뉴턴 체계는 플라톤 이후 수많은 자연철학자들이 중구난방으로 이해하던 자연현상을 물리학과 천문학 그리고 수학으로 일목요연하게 관계 설정했다. 아리스토텔레스 이후 2천여 년 만에 처음으로 자연을 올바로 이해하게 된 것이다. 뉴턴역학은 힘, 질량과 운동 간의 관계를 양적인 관계로 표현했다. 물리 법칙은 숫자 간의 관계를 다루는 수학적 법칙의 형태를 띠게 되었다. 자연이 수학의 언어로 써졌다고 믿게 할 만큼 뉴턴 방정식은 자연 현상을 성공적으로 예측했다. 이로써 자연은 마치 정밀한 기계와도 같은 존재가 되었다.

수학으로 자연을 이해하면서 우주는 재구성됐다. 기존의 생각 체계가 무너지고 새로운 패러다임의 사고가 형성됐다. 새로운 사고는 진리 문제를 다루는 권위를 신학 대신 과학에 부여했고, 곧이어 과학은 자연을 통제하는 인간의 수단이 됐다. 아리스토텔레스의 목적론적 시각이 배제됐고 순전히 기계적인 역학으로만 사고가 전환됐다. 기계론적인 사고는 당시 사회의 모든 분야에 매우 커다란 영향을 끼쳤고 오늘날 과학의 방법론에도 적용된다.

16세기의 종교개혁은 기독교라는 하나의 종교에 영향을 끼친 만큼 제한적인 데 비해 뉴턴의 과학혁명은 전 인류적인 사건이 됐다. 뉴턴 물리학이 옳다는 인식은 대중에게로 퍼져 나갔다. 인류 역사상 처음으로 올바른 자연 철학이 완성됐으니 이제 남은 일은 역학 체계의 세부 사항을 해결하는 것이라고 믿었다.

뉴턴 물리학은 이후 유럽 사회를 어느 특정한 방향으로 흐르도록 이끄는 결정적 역할을 한다. 이른바 계몽의 시대가 절정에 이르도록 불을 붙여버렸다. 뉴턴의 과학 방법론은 생활에도 영향을 끼쳐 다른 모든 분야도 자연과학처럼 정확하게 답을 구할 수 있다는 믿음을 주었다. 그런 믿음은 낙관주의를 고취했으며 정치, 경제 등 다른 분야에도 뉴턴의 방법을 적용하려는 움직임을 일으켰다. 무엇보다도 그의 가장 큰 권위는 그의 방법론이 오늘날에도 유효하다는 데서 나온다.

우리의 일상생활에 적용되는 물리학 대부분은 양자역학이나 상대론과 같은 현대물리학이 아니라 뉴턴 물리학이다. 뉴턴이 개발한 미적분학은 우리 주변의 거시적 세상과 원자 수준의 미시적 세상을 이해하는 데 꼭 필요한 필수 요소다. 현대물리학이 있지만 300여 년이 지난 뉴턴 물리학이 수많은 자연 현상을 설명하는 데는 여전히 유효하다. 뉴턴 물리학 없이 우주선을 쏴 올릴 수 없다. 목성으로 탐사 우주선을 보내려면 먼저 시뮬레이션을 거쳐 우주선의 항해 궤적을 모두 계산해야 한다. 우주선이 예측된 궤적을 따라 항해하지 않으면 목성에 도달할 수 없다. 우주선이 언제 지구 인력권을 벗어나고, 언제 어느 쪽으로 항해하며, 목성의 인력권에 언제 어떻게 진입하는지 등 모든 항해 정보는 뉴턴 물리학을 기반으로 계산한다.

비단 지구 밖으로 보내는 우주선뿐만 아니라 하중을 견디는 다리를 만들거나, 지진에 대비한 건물을 만들거나, 탱크가 포를 발사할 때나, 선풍기 날개의 회전율을 계산하거나, 모두 뉴턴의 법칙을 이용한다. 물론 인간은 18세기 산업혁명 초기까지 뉴턴 법칙 없이 다리, 건물, 총, 증기기관 등을 만들긴 했다. 다만 제작에 필요한 확실한 이론이 없었으므로 만드는 데 천문학적 비용이 들 수도 있음을 감안해야 했다. 수학적 원리가 자재들을 효율적으로 사용할 수 있게 해주므로 구조물을 만드는 데 뉴턴 역학을 적용하기 시작했다. 19세기 말에 기술 수준이 고도에 이르자 뉴턴 물리학은 기술 문화 전반에 엄청난 영향을 끼쳤다. 오늘날 공과대학에서 하는 연구 대부분은 뉴턴 물리학을 기반으로 생겨났다. 세상 곳곳에 뉴턴의 입김이 스며들어 있다. 오늘날의 문명은 올곧이 그의 몫이다. 그가 세상을 새롭게 이해한 덕분에 새로운 인류 문명이 창출됐다.

칸트

(1724 ~ 1804)

세상은 내가 인식한 것으로만 판단할 수 있다

과학이 할 수 있는 일이 따로 있고,
형이상학이 할 수 있는 일이 따로 있어.
그리고 이성이 할 수 있는 일이 따로 있지.
세상은 바깥에 있는 게 아니라,
바깥의 현상을 이해하는 내 안에 있어.

빛은 프리즘을 통과하면서 무지개색을 낸다. 무지개색은 어디서 비롯되었을까? '합리론자'는 이성을 올바르게 사용하면 프리즘이 색을 만들어냈음을 알 수 있다고 한다. 그런데 '경험론자'는 그것을 이성이 알아낸 것이 아니라, 프리즘을 통과하는 빛을 보았기 때문에 자연스럽게 인지한 것이라고 한다. 합리론자는 이성만으로도 진리를 탐구할 수 있다고 보고, 경험론자는 우리가 감각하는 것 외의 진리는 없다고 한다. 같은 자연현상을 두고도 탐구하는 방법이 달랐고, 서로 자신의 방식이 옳다고 주장했다.

그런데 진리의 관점에서 모두 틀렸다. 뉴턴은 과학적 방법으로 무지개색은 빛이 원래 가지고 있던 색이란 것을 밝혀냈다.

임마누엘 칸트는 합리주의, 경험주의 및 뉴턴주의의 세 가지 주장이 혼재하는 상황을 매우 혼란스러워했다. 왜냐하면 합리주의나 경험주의 철학은 모두 자신의 주장이 진리라고 하지만 진리는 오직 뉴턴 물리학에서 나온 결과뿐이었기 때문이다. 칸트는 철학의 논증 또한 보편적인 진리여야 하는데 실상은 그렇지 않으므로 철학이 밝혀내려 하는 주제에 문제가 있다고 보았다. 그래서 철학은 모호한 주장만 할 게 아니라 우선 인간 이성이 형이상학을 파악할 수가 있는지부터 따져봐야 한다고 생각했다. 이런 식으로 이성을 규정하면 이성이 무엇을 할 수 있고 무엇은 할 수 없는지 분명해지므로 올바른 철학적 논증이 가능한지 또한 밝혀질 것으로 기대했다. 칸트는 이성을 비판해서 인간 이성의 한계를 규정 짓기를 원했다.

경험주의자의 세계

유럽 대륙에서 이성을 중심으로 한 합리주의가 득세하는 동안 영국에서는 경험주의가 주를 이루었다. 합리주의는 이성으로 판단한 것이 곧 세상 지식과 일치한다고 주장하지만, 경험주의는 인간의 근본적인 지식은 감각을 통한 경험에서 비롯된다고 주장했다.

영국은 경험주의를 중시하는 전통이 있다. 경험이 참다운 지식의 원천이라고 주장한 중세의 로저 베이컨이나 유명론의 윌리엄 오컴은 영국을 본거지로 삼은 사제들이다. 지식을 귀납적 방법으로 습득할 수 있다고 주장한 근대의 프랜시스 베이컨은 경험의 중요성을 일찌감치 주창해 영국에서 경험주의가 중심 사조로 자리 잡는 데 직접적인 영향을 끼쳤다. 사실 영국에서는 경험주의 철학뿐 아니라 자연 현상은 반드시 실험으로 이해해야 한다는 자연과학의 규칙 또한 매우 공고했다. 뉴턴도 베이컨을 본받아 실험을 강조한 보일에게 크게 영향을 받았다.

경험주의의 개척자인 로크는 합리주의자가 주장하는 본유관념(생득관념이라고도 불리며 날 때부터 이미 어떤 지식을 가지고 있다는 개념이다. 자아, 신, 수학의 공리와 같은 관념이 이에 속한다. 이 개념을 처음 주장한 사람은 플라톤이다)이 터무니없고 인간의 지적 능력은 오직 경험에 의해서만 습득된다고 주장했다. 태어날 때 인간의 정신은 아무것도 없는 백지 상태라서 지식을 습득하려면 경험이 필요하다. 감각을 통해 외부에서 온 경험은 기억에 관념으로 저장된다. 관념은 단순한 것과 복합적인 것이 있다. 단순 관념은 수, 형태, 크기나 딱딱함과 같이 누구나 똑같이 알게 되는 객관적인 것과 사람마다 다른 주관적인 것이 있다. 복합 관념은 경험으로부터 습득한 단순 관념이 추상화, 일반화, 조합을 거친 것이다. 이처럼 로크는 처음으로 사람의 인식을 체계적으로 구분했다.

로크가 경험주의의 기초를 마련했다면 버클리와 흄은 이를 더욱 발전시켰다. 버클리는 로크의 입장을 받아들이지만, 우리가 지각하

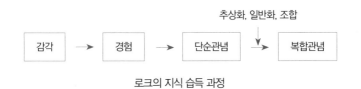

로크의 지식 습득 과정

여 인식하는 모든 것은 오로지 의식의 현상일 뿐이므로 정신하고만 관계 있다고 보았다. 그러므로 오직 우리의 정신 활동이 만들어낸 관념만이 세상일 뿐이고 외부에 무엇이 존재하든 우리와는 아무런 관계가 없다.

흄은 한 발자국 더 나아갔다. 인과관계는 우리가 관념을 형성하는 데 가장 큰 영향을 주는 것이다. 하나의 현상이 반복적으로 일어나거나 연속해서 일어나면 그것을 원인과 결과로 분리해 새로운 관념을 형성한다. 그렇지만 수없이 반복된 과정이라도, 그것이 앞으로도 반복되리라고 확신해서는 안 된다고 흄은 주장했다. 즉, 인과적 결과가 필연적은 아니라는 것이다. 우리는 지금까지 늘 그래왔다는 경험에 근거해 예측한다. 흄에 의하면 이러한 믿음은 지금까지의 수많은 관찰로 정당화될 수는 있지만, 확정적은 아니다. 지금까지 태양이 동쪽에서 떠서 서쪽으로 졌지만 내일 또 그럴 것이라 단정 지을 수는 없다는 말이다.

흄은 철학의 형이상학적 논증뿐 아니라 인과법칙에 근거한 자연과학도 회의적으로 바라봤다. 이전에 베이컨을 비롯한 경험론자들은 과학을 신뢰하는 방법으로 귀납법을 주장해왔다. 그러나 흄은 귀납법이 새로운 지식을 아는 방법일지라도 그것을 신뢰할 만한 충족 조건은 없으므로 실험 또는 관찰과 귀납에 기초한 과학적 발견 또한 개연적인 추론으로 남을 수밖에 없다고 회의했다(이를 '경험적 회의주의'라고 한다).

칸트와 뉴턴 물리학

칸트는 뉴턴 물리학이 탄생했기에 비판철학을 세상에 내놓게 되었다. 칸트는 뉴턴 물리학의 중요성과 엄청난 파급력을 인지한 인물이고 드물게 물리학을 확실히 이해한 철학자다. 연구 시간 대부분을 물리학보다 연금술과 성경 해석에 매달린 뉴턴 자신은 정작 자신의 이론을 과소평가한 듯하다. 칸트는 젊은 시절에 이미 뉴턴 물리학과 관련된 연구를 수행한 바 있다. 그의 연구 대상은 뉴턴 물리학에서 논쟁이 되는 것들이었다. 그는 뉴턴 물리학의 정확성에 매료되었다. 과학 이론이 수학처럼 정확성을 담보로 구축되었다는 사실에 놀라지 않을 수 없었다. 당시 철학 사조인 합리론이나 경험론 모두 확실한 결론을 내리기는커녕 제각각 다른 결론을 제시하고 있는 와중에 자연과학이 보여준 확실성은 매우 신선한 것이었다. 칸트는 뉴턴 물리학처럼 정확성을 담보로 하는 철학 구축을 목표로 삼았으며, 우선 뉴턴 물리학의 논쟁적 부분을 자신이 해결하겠다는 야망이 있었다.

뉴턴 물리학은 크게 두 가지 측면에서 데카르트 주의자로부터 공격을 받았다. 첫째로 만유인력 법칙이 소용돌이 이론에 비해 부정확하다는 비판이다. 둘째는 절대공간에 관한 이슈다(5장 참고).

칸트는 태양계에서 행성이 어떻게 생성되었는지 뉴턴 물리학의 관점에서 고찰하고 또한 절대공간이 옳음을 논증했다. 칸트의 행성 기원 이론은 라플라스의 수학적 연구와 함께 묶여 오늘날 칸트-라

플라스 이론(항성이 분자구름에서 탄생했다고 해서 '성운가설'이라고도 불린다)이라 불린다. 더불어 칸트는 반전성(parity)의 개념을 이용해 절대공간을 옹호했다. 물체와 거울 안에 비치는 물체는 왼쪽과 오른쪽이 뒤바뀌어 있다. 이를 반전됐다고 한다. 반전성은 물체와 거울 속 물체의 상관관계다. 반전성은 20세기 현대 입자물리학에서 다루어지는 매우 중요한 물리량이지만 이 책에서는 언급하지 않는다.

이처럼 칸트는 청년기부터 뉴턴 물리학에 관심이 많았고 자연 안에서 운동 중인 물체에 일어나는 모든 사건은 특수하고 결정적으로 정해진다는 사실에 매료됐다. 그는 이를 철학에도 적용하고 싶어했고, 그의 불세출의 업적은 철학에서 나왔다.

이성의 한계를 규정하다

칸트는 원래 이성으로 세상을 설명할 수 있고 경험은 불필요하다는 라이프니츠 합리주의에 기울어 있었다. 그러나 이성으로부터 얻은 것이 진리라고 주장하려면 우선 이성이 확실히 인식(철학에서 인식은 단순히 아는 것이 아니라 대상을 '깨달아 아는 것'을 말하므로 좀 더 엄밀하다)할 수 있는지 먼저 증명해야 하는데 라이프니츠 합리주의는 증명 없이 무조건 이성 만능을 외쳤다(이를 독단적 합리주의라고 하며 라이프니츠 합리주의의 특징이다. 이성에 의한 진리 획득에 대한 정당성을 확보하고자 '신-존재' 증명을 한 데카르트 합리주의와는 다르다). 칸트는 합리주의의 이러한 태도에 의문이 들었다. 합리주의자들은 수학 체계가 확실한 정답을 끌어내듯이 이성으로 실재를 알 수 있다고 주장한다. 그러므로 그들의 결론은 하나여야 함에도 여럿이었다. 따라서 신, 의지와 같은 형이상학을 이성만으로 논증 가능하다고 주장하는 합리주의의 입장은 믿을 수 없었다.

다른 한편으로 인식은 모두 감각을 통한 경험에 의해 주어진다고 주장하는 경험주의로는 형이상학이 불가능했다. 형이상학은 경험으로부터 나오지 않기 때문이다. 그런데 경험주의를 더욱더 끌고 나가 회의주의로 발전시킨 흄은 귀납적 추론도 부정하지만, 과학이 인과성과 귀납적 추론에 근거한다는 것은 엄연한 사실이었다.

칸트는 경험을 초월한 지식은 우리가 가질 수 없다고 판단하고 합리주의의 독단론을 배제했다. 그리고 자연과학조차 의심하는 경험주의의 태도도 거부했다. 칸트는 인간 이성의 한계 때문에 형이상학은 가능하지 않을지 모르겠지만, 같은 이성으로 사유하는 순수수학이나 순수과학이 확실한 학문으로서 엄연히 존재한다는 데에 주목했다.

칸트는 이로부터 자신이 철학을 해야 하는 이유를 끌어냈다.

"우리가 올바른 과학 체계를 가지게 된 이상, 과학의 정확성과 인간 인식의 관계를 철학에서 논해야 한다. 자연과학이 확실성을 담보로 하는 것과 같이 철학 또한 논증의 확실성이 매우 중요하다. 기존 철학은 보편적이지도 않고 체계화되지도 않았다. 이를 해결하는 방법은 우선 합리적인 논증이 불가능한 형이상학, 즉 신과 같은 비물질적인 대상은 논의에서 제외하는 것이다. 대신 인과법칙에 따라 시간과 공간에서 상호작용하는 물체에 대한 논리를 따지는 자연과학을 논의 대상으로 고려한다. 철학이 논증해야 할 대상은 형이상학이 아니라, 뉴턴 물리학의 자연과학같이 명료한 지식을 인간이 어떻게 가질 수 있는지(이성의 한계)를 따져야 한다. 만약 인간 이성의 능력을 밝히면 우리는 이성이 할 수 없는 것 또한 알 수 있을 것이다."

결국 칸트는 형이상학이 자연과학과 같은 확실한 지식에 속하는지를 판단하려 했다.

칸트의 《순수이성비판》은 이성이 자연과학을 어떻게 구상할 수 있는지를 밝히고 그 한계를 규정해 형이상학이 가능한지를 밝히고자 한 인식론이다. 칸트는 과학 세계가 유기체적 관점에서 기계론적 관점으로 전환된 획기적 사건에 발맞춰, 이와 같은 담론으로 철학도 획기적으로 전환될 수 있다고 생각했다.

우리는 어떻게 인식하는가?

《순수이성비판》은 우리가 외부 대상을 어떻게 인식하는지 구체적이고 체계적으로 밝힌 이성 비판서다. 여기서 '비판'이란 단어는 '이성이 할 수 있는 한계' 또한 '분명히 규정짓는다'는 뜻으로 쓰였다. 《순수이성비판》은 합리론과 경험론에서 합당한 부분을 취하므로 둘의 모순을 해결하지만, 이들의 결과를 단순하게 종합하지는 않았다. 오히려 철학의 새로운 접근 방식인 비판철학의 문을 열었다. 칸트의 인식론은 "직관 없는 사고는 공허하고 개념 없는 직관은 맹목적"이라는 그의 말로 요약할 수 있다.

사람이 무언가를 인식하는 것은 외부의 대상을 감각이 직관적으로 받아들이고, 그에 대한 어떤 개념이 형성되는 것이다. 우리가 만약 고양이를 보았다면, 고양이라는 외부의 대상을 감각기관을 통해 감지하는 직관 과정을 거쳐, 고양이라고 인지하는 개념이 형성된 다음 고양이를 인식한다. 따라서 인식에는 '직관'과 '개념' 형성이 매우 중요한데, 직관은 감성이, 개념은 오성(또는 지성)이 관여하며 상호보완적이다.

여기서 오성(悟性)은 개념적이고 논리적으로 사고하는 능력으로 감성과 대비되며 지성이라고도 한다. 영어로는 understanding이다. 칸트는 인식 단계를 감성, 오성, 이성으로 나누었다. 이러한 방법은 칸트만의 구분이고 철학자마다 다르다. 또한 오성과 이성의 뜻도 다르게 사용하므로 주의해야 한다.

인식이 가장 먼저 시작되는 지점은 감성(감각)이다. 여기에서 경험을 얻는다는 게 경험주의의 입장이지만, 칸트는 합리주의의 본유관념 또한 받아들인다. 감각이 받아들이는 대상이 무엇이라고 각인되는 이유는 우리가 선험적(경험하기 전에)으로 이미 가지고 있는 능력이 개입됐기 때문에 가능하다는 것이다. 칸트는 시간과 공간을 구별하는 능력을 선험적으로 가지고 있다고 본다. 즉, 감각으로 들어온 대상에 시간과 공간의 형식이 덧붙여져 직관이 이루어진다. 이때 대상을 인식하는 데 필요한 밑재료가 만들어진다.

오성의 단계에서는 밑재료를 가지고 개념을 만든다. 밑재료를 정확히 판단하는 오성도 경험하지 않고 선험적으로 알고 있는 형식을 이용한다. 오성에서의 선험적 형식은 크게 '분량', '성질', '관계' 그리고 '양상'으로 분류되고, 이 네 가지 분류가 다시 각각 세 가지로 나뉘어 총 12가지 형식이 되는데, 이를 '범주'라고 칭한다. 아리스토텔레스는 사물의 존재 양식을 10가지 종류로 나누고 이를 범주라고 했다. 칸트는 이 이론을 수정해 오성의 형식으로서 범주를 말한다.

12개 범주는 오성으로 판별할 수 있는 사물의 존재 양식이다. '분량'은 하나 혹은 여럿 처럼 사물의 수를 특정한다. '성질'은 좋은 것인지 나쁜 것인지를 따진다. '관계'는 다른 무엇과 관계가 있는지를

감성을 통한 직관을 거쳐 오성의 의해 개념이 완성돼 외부 대상을 인식한다. 이때 감성과 오성의 단계 모두 선험적 형식을 가지고 있다. 이때 주의할 점은 사과라는 외부 대상 (a)와 우리가 인식한 대상 (b)는 같지 않다는 것이다. (b)는 우리가 인식한 사과로서 사과 자체인(물자체) (a)와 다르다.

따진다. '양상'은 이것으로 무엇이 가능한지 불가능한지를 따진다.

우리가 사과를 본다면 여러 가지 생각을 할 것이다. 몇 개인지, 상태가 괜찮은지, 접시 위에 있는지, 먹으라고 준 것인지 아닌지. 이렇듯 인간은 외부의 대상을 감성 및 오성의 공간, 시간 그리고 범주를 서로 결합해 구별한다.

이러한 칸트의 인식 과정은 단지 사물을 구별하는 법을 설명한 것이 아니다. 칸트는 궁극적으로 자연과학이 어떻게 인식으로 가능한지를 증명하고자 했으므로 그가 창안해낸 인식 과정은 이를 위한 밑그림일 뿐이다.

인식 혁명

칸트는 인식이 어떻게 이루어지는가에 대한 연구를 획기적으로 발전시켰다. 아리스토텔레스 이후 이천 년 동안 거의 변화가 없었던 인식론은 17세기에 로크가 약간 진전시켰을 뿐이었다. 인식에 관한 칸트의 관점은 구체적이고 체계적일 뿐만이 아니라 매우 창조적이다. 인간이 어떻게 인식하는가를 뛰어넘어, 인식하는 이성의 한계 또한 규정하고 있다. 칸트의 가장 중요한 성취는 인식의 주체를 바꾸어 놓은 것이다.

우리는 어떤 사물을 보고(혹은 듣거나 만지고) 사물은 이러저러하다고 판단한다. 이때 우리는 외부 사물을 있는 그대로 판단했다고 자신한다. 우리가 빨간 사과라고 판단한 이유는 빨간 사과를 보았기 때문이라고 생각한다. 우리가 인식하는 대상이 주체인 관점이다. 즉, 인식의 주체가 외부 대상이다. 이런 관점을 칸트 이전의 모든 철학자가 견지해 왔다. 그러나 칸트의 인식론은 그와는 반대로 접근한다.

칸트가 얘기하는 인식을 다시 한번 살펴보자. 감성과 오성은 경험을 직관하고 개념을 형성하는 필수 도구다. 외부 대상은 감성과 오성이 각각 선험적으로 가지고 있는 것을 통해 해체되고 조합된다. 이때 주의할 점은 선험적 형식은 인간 자신이 가지고 있는 규정이고 외부 대상과는 전혀 관계가 없다는 점이다. 예를 들어 색맹이라고 해보자. 색맹은 빨간 사과를 봐도 빨갛다고 말하지 않는다. 이 예에서는 색을 구분하는 능력이 선험적 형식과 같은 것이다. 색맹이라는 선험적 형식으로 인식한 사과의 색은 빨간색이 아니다. 즉, 인식은 대상이 아니라 대상을 직관하는 인간의 조건을 따른다. 그렇다면 인식의 주체는 대상이 아니라 이를 생각하는 우리가 될 수밖에 없다.

그래서 칸트의 인식론은 정신이 대상에 맞추는 것이 아니라 대상이 정신의 작용에 맞춰진다고 본다. 외부 대상은 직관하는 사람의 주관적 인식 조건을 따른다. 칸트는 이를 철학의 코페르니쿠스 혁명이라 일컬었다. 이는 대상을 인식하는 것은 주관과 상관 없다는 기존 생각과는 반대이기 때문이다. 이전에는 대상은 이미 명확하게 정해져 있고 그것을 정확히 판별하는 것이 인식이라고 보았다. 대상을 잘 판별하면 인식 능력이 좋은 것이고, 잘 판별하지 못하면 인식 능력이 떨어지는 것이었다. 기준은 결국 외부 대상이었다.

전환이 이루어진 가장 중요한 부분은 선험적 요소를 경험에 앞서 집어넣은 것이다. 칸트의 방식은 인식론(당시로서는 경험론과 합리론)의 총체적 완성이었다. 칸트의 비판철학은 기존의 모든 철학이 모이고 다시 흘러나가는 거대한 저수지 역할을 했다고 할 만큼 영향력이 대단히 크다.

자연과학은 어떻게 가능한가?

지금까지 말한 인식론으로 뉴턴 물리학처럼 확실하고 보편적인 자연과학을 창출해낼 수 있는지에 대한 답이 나온걸까? 이를 이해하려면 인식론을 기반으로 삼고 좀 더 들어가야 한다.

간단한 예를 더 들어보자. '사과가 빨갛다'와 '총각은 결혼하지 않은 남자다'라는 문장은 구조적인 관점에서 매우 다르다. '사과가 빨갛다'는 주어와 술어가 서로 독립된 개념이지만, '총각은 결혼하지 않은 남자다'는 주어에 술어의 개념이 이미 포함돼 있으므로 독립적이 아니다. 칸트는 전자를 종합적 판단, 후자를 분석적 판단이라 칭했다. 종합판단은 술어가 주어에 새로운 개념을 더해준다('사과'에 '빨강'이라는 개념이 더해졌다). 분석판단은 술어가 그냥 정의이므로 당연하고 경험과 무관하며 필연적이고 보편적이다('총각'은 따로 정의하지 않아도 '결혼하지 않은 남자'다). 그래서 칸트는 분석판단을 선험적이라고 규정했다. 왜냐하면 감성과 오성에서의 선험적 형식 모두 경험과 무관하고 필연적이고 보편적이기 때문이다. 반면에 종합판단은 다른 두 개 이상의 것을 조합하는 종합적 기능이 필요하다. 그러려면 경험을 동반해야 하기 때문에 후천적이다. 사과가 빨갛다고 한 것은 관찰(경험) 이후의 판단이고 사과가 특정의 색깔을 띠는 것은 필연적이 아니고 우연적이기 때문이다. 그러니까 분석판단은 선험적이고 종합판단은 후험적이다.

그런데 뉴턴 물리학이나 수학 같은 학문은 선험적일까 아니면 경험적일까? 칸트는 수학, 물리학에 선험적 종합판단이 있음을 얘기한다. 2와 3을 더해 5가 되는 것처럼 두 숫자를 연산하여 새로운 숫자가 도출되는 경우는 반드시 그러하고 보편적이므로 선험적이다. 그런데 2와 3과 더하기(+) 연산자는 서로 아무런 관련이 없다. 5라는 새로운 수는 2와 3의 두 수와 +라는 연산자 개념이 결합하여 이루어진 결과이므로 분석적이 아니라 종합적이다. 다른 예로, "두 점을 잇는 최단 거리는 직선뿐이다"라는 기하학의 명제 또한 선험적 종합판단에 속한다. 직선은 양이 아니라 질의 개념이고 최단이라는 용어는 양을 표현하므로 결과는 다른 두 개념을 조합한 것이다. 즉, 종합적이다.

물리학에서도 선험적 종합판단을 포착할 수 있다. 예를 들어, 에

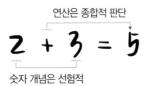

연산은 종합적 판단

2 + 3 = 5

숫자 개념은 선험적

5라는 것을 직접 경험하지 않고 종합적 판단으로 지식을 만들 수 있다

너지나 질량의 불변 법칙을 정립시키겠다고 세상의 모든 에너지나 질량을 관찰할 수는 없다. 그런데 이것이 절대로 변하지 않는 법칙이라면 이는 경험적이 아니고 선험적일 수밖에 없다. 또한 에너지나 질량은 불변이라는 개념과는 하등 관련이 없으므로 이는 분석판단이 아니라 종합판단이다. 그러므로 우리가 얘기한 감성과 오성에서의 시간과 공간, 범주 말고도 수학의 명제, 자연과학의 원리 등이 선험적 형식에 속한다. 칸트는 뉴턴 물리학에서 말하는 시간과 공간, 운동, 작용 또는 힘의 개념 같은 물리량도 선험적 형식의 산물이라고 생각했다. 만약 이러한 물리량이 선험적이 아니어서 경험이 요구되면 어차피 개연적 결과를 얻을 수밖에 없으므로 보편적이지도 않고 필연적이지도 않게 된다. 그렇다면 뉴턴 물리학이 그렇게 정확하게 결과를 예측할 수 없을 것이다. 그래서 수학이나 자연과학의 원리들은 선험적 종합판단에 속한다.

이로써 인간의 인식은 자신이 선험적으로 가지고 있는 수학 명제나 자연과학 원리를 바탕으로 보편적이고 필연적인 순수수학이나 자연과학을 성취할 수 있다. 칸트는 이성 비판을 통해 이를 증명하였다.

인식으로 실제 세상을 알 수 있을까?

칸트에 의하면 인식의 주체는 대상이 아니라 이를 생각하는 사람의 정신이다. 우리는 선험적 종합판단이라는 개념을 이용해 외부 대상과 인식하는 정신과의 관계를 좀 더 명확히 이해할 수 있다.

만약 외부 대상을 주체로 삼아 우리가 인식한다면 실제 경험한 대상과 우리 판단은 일치할 것이다. 그런데 이러한 것은 경험을 통해 얻어지는 후험적 판단일 뿐이다. 선험적 종합판단은 경험으로 얻을 수 없다. 만약 정신이 단지 대상의 정보만 수동적으로 수집한다면, 특정 대상(내가 경험한)에 대한 정보만 얻게 될 것이다. 그러나 정신은 수집만 하는 게 아니라 이를 조합해 대상을 포괄적으로 판단한다. 예를 들면, 뉴턴 물리학은 미래에 대한 정보까지 우리에게 제공할 만큼 조합적이고 포괄적이다. 따라서 이 지식은 선험적이며 종합적이다.

선험적 인식은 인간이 날 때부터 가지고 있는 규정이므로 우리는 그에 맞춰 인식하게 된다. 규정은 한계를 의미하므로 인간 이성의 한계가 설정된 것이다. 그러므로 우리가 이해한 외부 대상은 (우리의 한계 때문에) 우리가 인식한 결과로서의 대상이지, 외부에 실재하는 대상 자체는 절대 아니다. 인식은 경험으로 제한되고, 감성과 오성은 특정하게 조직된 방식으로만 작용하므로 우리가 인식하는 사물은 원래 존재하는 사물 그 자체가 아니다. 이는 우리가 시간과 공간과 범주라는 필터가 씌워진 안경을 끼고 태어난 것과 같다. 외부의 사물은 반드시 필터를 거쳐 우리에게 도달한다.

사물은 우리에게 나타난 대로의 대상일 뿐으로 사물 자체는 따로 존재한다. 우리는 사물 자체를 결코 알 수 없다. 칸트는 이를 '물자체'라고 표현했다. 물자체는 그대로 인식할 수 없다. 그래서 이성이 알 수 없는 영역이다. 하지만 그것에 대한 개념은 존재한다. 인식이란 사물 자체가 아니고 우리에게 비추어지는 모습으로서의 사물을 인지하는 것이다. 우리는 사물이 정신에 드리운 현상만으로 인식을 구성한다. 즉, 인식은 현상계에 머물 수밖에 없다.

물자체
(원래 물질 세계)

사물
(정신세계)

시간, 공간, 범주

우리가 알 수 없는,
실제 존재하는 세계

우리의 인식으로
파악되는 세계

이미 규정된 인식 체계로 외부 대상을 파악하므로 우리가 파악한 외부 대상은
실제로 존재하는 대상 자체가 아니다. 실제 존재하는 외부 대상을 물자체라고 한다.

하지만 인간 이성은 감성이 경험하지 않은 비현상계의 것도 생각한다. 본 적도 없는 유니콘이나 용을 상상할 수 있는 것이다. 자유의지, 불멸 또는 신의 개념 또한 마찬가지다. 이러한 것은 감각으로 인지할 수 없다. 단지 생각으로만 나타나고 경험과는 무관하므로 오직 현상계에서만 작동하는 범주는 무의미해진다. 기존의 형이상학은 현상계와 비현상계를 혼동해 현상계에서만 통하는 방법을 비현상계에도 적용하는 오류를 범해왔다.

칸트는 인지되지 않고 오직 상상으로만 나타나는 영역에 관한 지식은 인간 이성의 한계를 벗어남을 주장한다. 이로써 칸트의 두 목적은 달성됐다. 첫째로 인과관계에 의한 지식의 보편성과 필연성을 인정하지 않은 흄에 대한 반박이다. 수학과 물리학에서 선험적 지식을 가질 수 있다는 것을 보여 인간 인식이 이들을 구축할 수 있음을 증명했다. 둘째로 라이프니츠 등의 독단적 이성론에 대한 반대다. 우리는 경험을 벗어나는 초감성적 지식은 가질 수 없다는 것을 증명했다.

도덕 원리

칸트가 세상을 이해하는 법은 '순수이성' 사용법으로 어느 정도 알았을 것이다. 다만 칸트는 이 이론을 확장해 도덕과 미학에 관련된 견해도 남겼으니, 여기서는 간단하게 정리하고 넘어가도록 한다.

칸트는 《순수이성비판》에서 형이상학은 경험을 벗어나므로 그에 대한 지식은 가질 수 없다고 말했지만, 형이상학을 완전히 배제한 것은 아니다.

앞서 설명했다시피 순수이성은 보편적이고 필연적인 자연과학의 지식을 창출할 수 있다. 그러므로 자연은 순수이성의 규칙이 작동하는 영역이다. 하지만 순수이성은 순전히 이론적 영역에 속하므로 자유의지, 불멸성, 신의 존재 등과 같은 형이상학적 이념에 대해서는 전혀 정보를 제공하지 못한다. 왜냐하면 이러한 것은 인식의 영역에 들어가지 않기 때문이다. 그러나 인식의 영역이 아닌, '실천적' 또는 '윤리적' 영역에서 형이상학적 이념은 중요한 역할을 한다.

윤리적 영역에서의 이성을 '실천이성'이라 한다. 칸트는 실천적 영역에 신의 존재 등 형이상학적 이념을 끌어들여 도덕적 원리를 제시한다. 과학적 인식에서 선험적 요소를 떼어내 체계적으로 인식을 설명하려는 시도가 《순수이성비판》이라면, 도덕의 선험적 요소를 떼어내 체계적으로 설명하려는 시도가 《실천이성비판》이다. 그런 의미에서 실천이성은 순수이성으로 다룬 뉴턴의 과학 세계에 도덕적 경험과 종교적 신앙의 세계를 조화시키려는 목적이 있었다.

우리는 무엇을 깊이 생각하는 이성을 가지고 있지만, 무엇을 하거나 하지 않으려는 의지 또한 가지고 있다. 실천이성은 우리의 자유의지와 깊은 관계가 있다. 인간에게는 의지 외에도 충동, 욕구, 열정, 쾌락과 같은 감각도 있지만, 칸트는 이와 같은 감각적 본성을 억누르고 도덕 법칙에 지배되는 윤리를 얘기한다. 그러므로 실천이성은 '도덕 법칙에 따라 감각적 욕구에 저항할 수 있는 능력'으로서의 '의지'다.

의지는 행위와 관련된 이성으로서 인간과 동물을 구분하는 잣대다. 칸트는 최고선(신)을 최고의 도덕 법칙으로 내세웠다. 도덕적으로 완벽한 신의 행위는 우리에게 본보기가 되므로 우리는 자신에게 올바른 명령을 내려 나쁜 짓을 하지 말아야 한다고 역설한다.

칸트는 우리가 얼마나 도덕적인지를 판정하는 가장 좋은 기준으로 '정언명법'을 내세웠다. 정언명법은 아무런 제한이 없는 타당한 요구다. "조건 없이 올바르게 자신의 의지로 자신에게 명령을 내려 제한 없는 선을 행하라"는 뜻으로 보편적이고 필연적이다. 칸트는 정언명법을 모든 윤리적 행위의 최고 척도로 내세우고 우리의 '자율의지'가 행위를 하는 데 필요한 최종 근거라고 얘기한다.

아리스토텔레스는 《니코마코스 윤리학》에서 행복을 주관적 만족 이상의 것으로 규정해, 절대적 최고의 목적이라고 주장했다. 즉, 아리스토텔레스에게 행복은 최고선이었다. 아리스토텔레스 윤리학에서 최고선은 목적이고, 칸트 윤리학에서 최고선은 의지로 이루는 것이다. 다른 사람이나 규제가 아니라 스스로 나에게 명령을 내린다는 것은 내 의지가 자유롭다는 증거다. 그런 자유로운 의지만이 정언명법을 하게 하므로 행복해지려는 '욕구'에 의한 도덕 이론은 틀렸다고 주장한다.

칸트가 말하는 자율적 행위는 자연적 경향이나 사회적 통념이 요구하지 않더라도 구제하려는 마음, 정직성을 견지하는 사람의 행위를 의미한다. 그러므로 자율은 인간의 단순한 욕구나 사회적 존재 이상의 의미를 넘어서 자신의 본래 자아, 순수한 실천이성으로 구성된 도덕적 존재로서의 자신을 발견하는 것을 의미한다. 즉, "네가 인간이라면 스스로 자신에게 명령을 내려 나쁜 짓을 할 생각조차 하지 말아라"가 칸트가 말하는 도덕적 원리다.

칸트는 이성의 이론적 영역과 실천적 영역을 완성했다. 그런데 순수이성에서 인식은 물자체를 파악할 수 없으나, 실천이성에서 의지는 신과 같은 물자체가 등장해야 성립한다. 칸트가 언급한 최고선인 선의지가 바로 물자체이기 때문이다. 실천이성은 사물을 물자체로 보기 때문에 감성이 접근할 수 없는 반면, 실천이성에 의해 설정된 도덕 원리는 감성계에서 실천해야 하므로 두 영역을 결합하는 어떤 능력이 요구될 수밖에 없다. 두 영역 간 다리 역할을 하는 능력을 '반성적 판단력'이라 한다. 순수이성과 실천이성을 연결하는 다리로서 판단력이 놓여 있다.

반성적 판단은 자연의 법칙을 다루는 순수이성과 도덕적 목적을 다루는 실천이성을 일치시킨다. 반성적 판단력에 따르면 자연의 보편적이고 필연적인 법칙은 자연이 지향하는 궁극적 목적을 따르는 것이므로 자연은 보편적이고 필연적인 목적성을 띠게도 된다(합목적성). 우리가 자연을 바라보며 좋은 감정을 느끼는 것은 순수이성에서 감성이 오성과 연계되고 감성적 욕구가 실천이성과 관계되는 것과 대비된다. 자연을 통해 느끼는 이러한 감정이 순수이성을 통해 자연법칙을 알게 하며, 실천이성을 통해 도덕적 원리를 준수하게 할 의지를 만든다고 칸트는 말하고 있다. 이로써 순수이성에서 추구하는 진, 실천이성에서 추구하는 선, 판단력에서 추구하는 미를 구체적으로 논했다.

헤겔

(1770 ~ 1831)

Georg Hegel

정반합의 원리에 따라 세상은 끊임없이 발전한다

세상은 멈춰 있지 않고
정반합의 원리에 의해 계속 발전하는 거야.
발전한 세계 정신 속에서는
칸트가 말한 이분법적 세계도
하나로 통일될 수 있어.

아리스토텔레스는 인간의 지성이 성취한 지식을 포괄적으로 종합했다. 그의 놀라운 저작은 가히 학문의 통일장 이론이라 할 만하다. 그런데 역사상 아리스토텔레스처럼 방대한 지식을 자신의 학문 체계로 통합한 사상가가 한 명 더 있다. 18세기의 헤겔은 자연과학을 제외한 인문, 사회과학을 통합한 장본인이다. 사실 헤겔은 자연과학을 포함해 모든 학문의 통합을 시도했으나 오늘날의 관점에서 보면 자연과학은 빼는 게 옳다. 헤겔은 뉴턴 물리학이 나온 지 100년이 지난 시점에 등장한 인물임에도 여전히 과학혁명의 진정한 의미를 이해하지 못했다.

칸트의 비판철학은 유럽 지성계에서 변방이던 독일을 중심으로 끌어들였다. 이전의 모든 철학은 칸트의 비판을 받고 이후의 모든 철학은 칸트로부터 흘러나왔다고 할 만큼 그의 영향력은 지대했다. 칸트 이후의 철학은 비판철학을 바탕으로 한 사상이 주를 이루었다. 그러나 칸트의 사상 모두에 긍정적은 아니었다. 모든 것을 둘로 나누어 분석하는 칸트의 이분법, 특히 현상과 물자체를 구분한 방식은 거의 만장일치로 수긍하지 않았다. 칸트 이후의 철학은 이분법을 해결하는 데 목적이 있었다.

칸트의 비판철학은 또 다른 관점에서 완성되지 않은 작품과 같았다. 이성을 중심으로 한 합리주의나 경험을 발판으로 삼은 경험주의, 이를 통합한 비판철학의 사유는 모두 정적인 관점에서의 인식론이다. 이성으로 모든 것을 알 수 있다거나, 경험만으로 지식의 창출이 가능하거나, 경험이 지식을 창출하지만, 선험적으로 알고 있는 형식을 전제로 한다는 것이나 모두 인식을 균질하게 바라본 관점이다. 하지만 인식은 개인마다 다를 것이고, 같은 개인이라도 아이였을 때와 성인이 되었을 때가 다를 것이다. 더 나아가 시대적으로도 다를 수 있다. 인식은 변화한다. 그러므로 이분법적 체계를 통일하고 정적인 관점을 넘어 변동하는 개인, 사회, 국가 그리고 역사에 적용할 수 있는 포괄적인 철학 체계가 필요했다. 이를 완성하고자 한 철학자가 헤겔이다. 그는 세상이 어떻게 변화하면서 진화하는가를 보여주었다.

칸트를 넘어

헤겔 사상의 디딤돌이 된 것은 비판철학과 프랑스혁명이다. 칸트의 비판철학은 당시 여타 독일 철학자에게 그랬듯이 헤겔에게 철학적 혁명을 성취할 수 있다는 동기를 부여했다. 또 1789년에 일어난 프랑스혁명은 독일의 청년 지식층에게 큰 충격을 주었다. 독일에도 계몽의 여파가 문화생활에 침투해 있었지만 혁명과 같은 변혁은 없었다. 이상과 큰 괴리가 있는 현실에 충격받은 청년들은 국가와 사회를 변혁해야 한다고 생각했다. 헤겔은 필연적으로 변혁이 일어나야 한다고 생각한 젊은이 중 한 사람이었다. 그는 세계의 변화에 대응하려면 철학이 무엇을 말해야 하는지에 많은 관심이 있었다.

철학이나 과학은 어떤 원리나 법칙으로 현상을 설명한다. 자연 또는 사회현상을 하나의 원리나 법칙으로 설명할 수 있다면 그것보다 더 좋은 것은 없다. 우리는 일상생활에서 어떤 문제에 부딪히면 우선 원인을 찾으려 한다. 복잡한 문제는 원인이 여러 가지일 수 있다. 그런데 여러 원인의 근본 원인을 찾아내면 그로부터 문제가 파생되었기 때문에 원인과 결과의 인과관계를 확실하게 알 수 있을 것이다. 이를 가지고 문제를 해결하는 체계적인 방법을 찾을 수 있다. 철학이나 과학은 그런 통일된 법칙을 찾는 일에 몰두한다.

그런데 칸트의 비판철학은 하나로 통일되지 않고 감성과 오성, 주관과 객관, 생각과 존재 등 모든 대상을 이분적 요소로 바라보았다. 이분적 요소는 세계를 통일된 관점에서 바라보는 데 방해가 될 수밖에 없다. 더군다나 우리가 인식하는 현상과는 별도로 존재하는 물자체에 대한 칸트의 견해는 순수이성과 실천이성에서 상반된다.

순수이성에서 물자체는 우리의 인식이 도저히 파악할 수 없는 것이라고 주장하나, 실천이성에서는 물자체가 윤리적으로는 실제로 파악할 수 있는 자유나 실천이성 또는 의지로 해석한다. 인식하는 이론적 존재로서의 우리와 행위하고 실천하는 존재로서의 우리의 본질이 분리돼 있다. 비판철학은 자연과학(진), 윤리학(선), 미학(미)의 원리를 관통하는 공통적인 원리가 없다.

물자체를 인정하면 자유의지, 불멸성, 신과 같은 이념 또한 실제로 알 수 없는 개념이 돼 버린다. 그런데 이러한 이념은 철학의 주 논증 대상이므로 칸트의 말 대로라면 철학이 할 일이 없어지게 된다. 물자체 개념을 받아들이면 이성이 현실을 제대로 파악할 능력이 없다는 것을 인정하는 꼴이기 때문이다. 이런 이분적 분열을 극복해 통일성과 전체성을 회복하는 것이 헤겔을 비롯한 당시 철학자의 소명이었다.

학문 전체에 적용되는 통일적 체계가 확립되려면 '기반'이 마련돼야 한다. 기반은 세상을 설명할 수 있는 장치다. 아리스토텔레스의 학문 체계가 방대하지만 하나의 통일된 체계를 이룰 수 있었던 것은 그의 네 원인 법칙 가운데 목적인이 전체를 총괄하는 보편적 법칙이기 때문이다.

그렇다면 헤겔은 어떻게 기반을 마련하려 했을까?

이성의 법칙

일반적으로 사람들은 인식에 관해 크게 두 가지의 관점을 가진다.

① 자기가 인식하는 것만 실제로 의미가 있고 인식 밖의 것들은 무의미하다는 관점이 있고, ② 자기가 무엇을 인식하든 관계없이 세상은 존재한다고 생각하는 관점이 있다. 전자가 '관념론', 후자가 '실재론'이다.

관념론과 실재론은 인식하는 사람의 관점에서 세상을 보든, 외부 대상의 관점에서 인식하든 모두 인식에 토대를 두고 있다. 그리고 쌍방이 대립한다는 것은 그 이면에 무언가 대립하게 하는 어떤 것이 있다는 뜻이다. 비슷하게 정신과 물질, 영혼과 육체, 신앙과 이성, 자유와 필연 등 이분법적 요소들은 주관과 객관의 대립으로, 이는 우리 안의 대립이다.

우리는 삶 속에서 주관적 관점뿐만 아니라 객관적 관점 또한 구현한다. 이는 칸트의 두 대립 관점을 보면 명확해진다. 순수이성은 인간 이성이 자신을 객관적으로 고찰한다. 그래서 우리 자신을 인과법칙을 따르는 시간과 공간 속에 있는 물체로 여긴다. 왜냐하면 순수이성에 의하면 우리 인식이 객관적인 결과를 도출하는 자연과학을 구축했기 때문이다. 반면에 실천이성은 자신을 주관적으로 고찰한다. 왜냐하면 도덕법칙에서 가장 중요한 자유의지는 자신이 생각하는 것이므로 주관적이다. 그런데 대립 관계에 있는 둘을 모두 수행하는 것은 다름 아닌 우리 자신이다. 우리는 주관적 관점으로 자신을 내부로부터 볼 수 있을 뿐만이 아니라, 객관적 관점으로 자신을 외부로부터도 볼 수도 있다. 헤겔은 두 관점을 모두 볼 수 있는 것이 이성이라고 생각했다. 즉, 이성은 이분적 관점의 통일체다.

그렇다면 헤겔에게 이성이 무엇이기에 두 관점을 통합할까?

헤겔은 '절대자'라는 개념을 끌고 왔다. 절대자는 실제로 존재하는 그 무엇이라기보다는 정신적 존재다. 절대자는 주체와 객체가 합해져 새로운 하나가 된 것이니 구별이 필요 없다. 그러므로 외부 대상에 관한 판단은 곧 실제로 존재하는 것과 일치할 것이다. 우리가 절대자의 이성을 지향한다면 이성이 곧 실제로 존재하는 것이다. 그렇게 되면 우리가 생각하는 게 곧 실제로 존재하는 것이다. 그러므로 의식하는 우리는 주관도 객관도 아닌 생각과 세계의 통일이다. 즉, 머릿속에 있는 생각이 실제로 존재하는 객관적 내용과 일치한다. 이것이 바로 헤겔이 모든 원리 위에 존재하는 통일 원리로서 이성을 내세운 이유다.

헤겔 철학의 구조

헤겔이 세상을 보는 방법을 이해하려면 일단 헤겔 철학의 구조를 알아야 한다. 헤겔은 세상이 멈춰 있지 않고 발전한다고 생각했고, 그 발전 단계를 정해놓았다. 헤겔의 발전 단계는 감각→지각→오성→자기의식→이성→정신→절대지 순으로 이루어져 있다. 이중 '자기의식'까지는 개인 차원의 발전 단계지만 '이성'부터는 사회(전체)의 발전 단계이며, '절대지'에 이르러서는 우주(혹은 신)의 단계다.

헤겔 철학이 어려운 이유는 같은 단어라도 우리가 일상에서 사용하는 뜻과 헤겔이 사용한 뜻이 다르기 때문이기도 하다. 그중 하나가 '이성'이다. 헤겔은 통일 원리를 이성에서 찾았다. 인간을 비롯해 인간이 구성하고 있는 모든 존재 영역을 이성의 관념으로 설명하는 하나의 체계를 구축한 것이다. 통일 법칙인 이성을 바탕으로 세상의 모든 것, 유기, 무기, 사회, 자연 등을 설명한다. 헤겔이 말하는 발전 단계상 이성은 우리 개인의 이성을 말하는 것이 아니라 '보편적 이성', 즉 '세상이 그렇게 돌아가야 할 당연한 이치'와 같다.

또 이성은 세상 모든 것이 변화한다는 개념을 포함한다. 어떻게 변화하는지 말해주는 방식이 '변증법'이다. 개인과 역사, 국가는 오직 이성의 활동으로 변화한다고 설명한다. 헤겔은 역사를 말할 때도 오로지 이성만을 문제 삼고, 국가를 이성의 실현으로 간주했다. 헤겔 철학은 관념적 이성으로부터 도출된 자유와 주체, 정신 그리고 개념으로 구성된 구조물이다. 헤겔은 이들 간의 연관성을 해명해 자유롭고 합리적인 삶의 질서를 얻는 실제적인 가이드를 제시한다.

발전하는 이성

우리는 현실에 안주하지 않고, 그것을 부정함으로써 문제점을 정확히 파악한다. 그리고 그 과정에서 자신의 발전을 도모한다. 이는 사회도 마찬가지다. 우리의 끊임없는 생각이 현실을 지배해야 부정된 (비이성적) 현실은 이성에 합치될 때까지 끊임없이 변혁된다. 그런데 우리 생각이 현실을 지배하려면 넘어서야 할 난관이 있다. 우리 생각은 모두 제각각이어서 사회를 이끄는 원리를 발견할 수 없다는 것이다. 그러니 어떤 형태로든 사회를 영위할 보편적 원리가 있어야 한다. 보편적 원리란 사회가 제대로 역할할 수 있도록 이끄는 규정과 같은 것이다. 이러한 보편적 개념과 원리의 총체가 '이성'이다. 즉, 개인의 발전이나, 건전한 사회 형성은 이성이 제대로 역할해야 가능하다. 사회도 현재의 사회를 부정해야 새로운 변혁이 이루어진다. 물론 이를 국가 및 역사에도 적용할 수 있다. 이러한 변혁을 이루는 총체 역시 '이성'이고, 현실을 부정함으로써 발전을 이루는 '변증법적 이성'이다. 이러한 원리가 적용되려면 이성이 현실을 지배해야 한다.

이성이 현실을 지배하려면 현실 자체가 합리적이 돼야 한다(합리적인 것이 이성적인 것이다). 합리성은 현실에 안주하지 않고 미래의 발전을 꾀하려는 우리가 사회생활을 하면서 실현된다. 그러므로 발전을 꾀하는 우리는 자신의 모순을 전개하며 발전을 반복하는 '변증법적 자아'다. 인간 존재 자체가 미래의 발전 가능성을 현실화하는 과정이고 이성의 개념으로 삶을 형성해 나가는 과정이다. 그러므로 이성은 발전을 꾀하는 자아가 가능성을 실제로 구현하는 과정을 통해서만이 존재한다. 그런데 이러한 자아의 실현은 자기실현의 능력을 지닌 인간만이 가능하다. 물론 모든 사람이 자신의 이성을 자기 실현을 위해 투자하지 않는다는 것을 헤겔은 인정한다.

이성은 개개인을 넘어 인간 세상의 끊임없는 투쟁 가운데 나타난다. 이성은 어느 시점 어느 장소에서 하나의 과정으로 실현되고 이러한 과정이 작게는 개인, 크게는 국가, 더 나아가 인류의 전 역사서 일어난다. 그런 의미에서 역사는 특정 사건이 아니라 발전적으로 나아가는 끊임없는 투쟁과 같다. 인류 역사는 이성을 실현하고자 단계마다 다른 발전 수준을 보인다. 역사의 궁극적인 목표는 오직 하나의 이성을 성취하는 것이다. 세계 역사가 이를 지향해왔고 사건과 상황의 연쇄 속에서 이를 실현해 완성될 것이다. 헤겔에게 이성은 역사를 나아가게 하는 힘이다.

인식하는 정신

이번에는 헤겔이 도처에 사용하고 있는 '정신'이라는 단어의 의미를 살펴보자. 일반적으로 정신은 우리의 의식이나 사리를 분별하는 능력인 이성을 뜻하지만 헤겔이 의미하는 바는 훨씬 광범위하다. 정신은 의식과 이성이기도 하고, 국가라는 추상체가 가지고 있는 어떤 것이기도 하고, 어떤 사회 집단이 역사를 통해서 획득한 것이기도 하다. 심지어 문화양식으로 법의 체계, 예술 및 종교 등에서 나타날 수 있는 그것만의 고유한 어떤 것이기도 하다. 우리가 법에도 정신이 있다고 얘기하기도 하고 예술 행위나 종교에도 정신이 있다고 말하는 것을 떠올리면 헤겔이 말하는 정신이 무엇인지 어렴풋이 감을 잡을 수 있을 것이다. 헤겔은 의식을 정신이 드러나는 과정이라고 여겼다.

우리 정신은 자기를 인식하는 과정에서 드러나고 자기실현의 과정을 통하여 고양된다. 우리는 성장하면서 점점 더 복잡한 상황을 이성적으로 인식하는 법을 배운다. 어렸을 때는 감각적 수준이지만 나이가 들면 배우거나 경험하면서 점점 더 높은 차원의 이성적 활동을 한다. 다른 사람과의 관계 속에서 새로운 것을 배우기도 하고 사회 속에서도 뭔가를 배운다. 그러므로 우리의 정신은 단순히 개인적인 차원이 아니라 국가와 사회 그리고 역사를 총망라해서 구현된다.

이제 헤겔이 인식을 어떤 식으로 풀어나가려 했는지 짐작될 것이다. 개인의 인식은 감성과 오성으로 대상을 구별하는 것이지만 헤겔이 말하는 인식은 대상의 구별 차원을 넘어 한 개인이 평생 배우고, 사회 생활하며 성취하는 정신 활동을 모두 포함한다. 그러므로 헤겔은 단순히 인식이라는 표현을 쓸 수 없었고 대신에 '정신'이라는 용어를 사용했다. 정신까지 가는 데는 여러 단계가 있을 수밖에 없다. 정신은 단순 의식의 단계에서 시작하여 자기의식의 단계를 거쳐 마지막으로 이성의 단계로 상향되면서 이루어진다. 단순 감각의 수준에서 궁극적으로 학문의 성취와 같은 고도의 생각을 요구하는 상태로까지 향한다.

정신의 단계

사물을 구별하는 능력(감각)은 정신의 가장 낮은 단계이다. 외부 사물은 감각적으로 확실히 느끼면서 인식하기 시작된다. 이때는 오감을 이용해 물체의 맛, 생김새, 냄새 등을 확실하게 알아냈지만, 그것이 어떤 것인지 단정할 수는 없는 상태다. 다음 단계는 '지각'으로 사물의 모습을 올바로 안다. 물체의 보편적인 특징이 개념적으로 지각된다. 그렇다고 특정 사물의 참모습을 알아낸 것은 아니다.

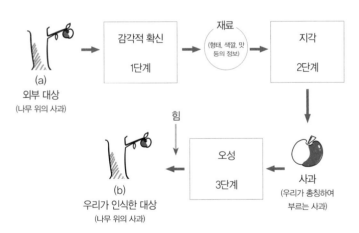

나무 위의 사과는 3단계를 거쳐 인식된다. 이때 외부 대상 (a)와
우리가 인식한 대상 (b)는 오성에서의 힘의 개념으로 같을 수밖에 없게 된다.

지각으로 알아낸 보편성은 관련된 모든 사물에 적용되기 때문이다. 특정 사물의 참모습은 '오성'을 통해 알 수 있다. 그러므로 사물의 참모습은 '감각'의 확신, '지각' 그리고 '오성'의 단계를 거쳐 인식할 수 있다.

예를 들어 사과를 보고 있다고 하자. 감각의 확신 단계에서는 오감을 이용해 사물의 존재까지는 알 수 있으나 그것이 사과인지는 모른다. 지각 단계에서 사과는 빨갛고 둥근 모양이라고, 일반적으로 우리가 사과라고 총칭하여 부르는 보편성을 알게 된다. 그러나 지금 보고 있는 특정의 사과는 아니다. 왜냐하면 사과는 일반적으로 모두 빨갛고 둥글기 때문이다. 우리가 지금 보고 있는 특정의 사과를 파악하려면 보편적인 특성만으로는 부족하다. 사과의 성질을 종합해 특정 사과 고유의 것을 파악해야 한다. 이때 오성이 작용한다. 이처럼 사물을 여러 성질을 가진 복합체이자 동시에 하나의 통일체로 이해하려는 의식 작용은 지각이 아니라 오성이다. 오성을 통해 사물을 통일적으로 이해하는 과정을 헤겔은 뉴턴의 아이디어를 빌려와서 '힘(또는 에너지)'이라고 규정했다.

헤겔이 보기에 사물의 참모습은 어떤 하나의 힘이다. 만유인력은 두 물체의 상호작용으로 생긴다. 물체 하나만 있으면 만유인력의 힘이 작용하지 않듯이 오성 또한 상호 관계에서만 존재한다. 이것이 특정 사물이 다른 사물과 구별되는 이치다. 시간이 지나도 우리가 같은 사물을 구별할 수 있는 능력 또한 힘 때문에 생긴다. 그래서 우리는 사람이 늙어서 외모가 변해도 그 사람을 알아본다.

헤겔이 말한 의식의 단계는 감성과 오성을 동원해 체계화한 칸트의 인식론과 비슷하지만 다르다. 칸트는 사물의 모습은 우리가 파악하는 대로의 모습일 뿐이고 사물 자체는 절대로 모른다는 입장이었다. 헤겔의 인식론은 그렇지 않다. 열쇠는 헤겔이 얘기한 힘의 개념에 있다. 헤겔이 말하는 힘은 만유인력처럼 서로 밀고 당기는 사물 간의 관계이므로 사물 자체의 힘이란 없다. 즉, 상대하는 사물이 있을 때만 힘이 작용한다. 그러므로 현상과는 다른, 숨어 있는 내면의 힘이란 존재하지 않는다. 그래서 사물의 모습과 내면에 숨겨진 모습이 따로 있을 수 없다.

설령 현상과 외부 사물이 일치하더라도 우리가 대상을 현상적으로만 인식하면 결국 그것밖에는 알 수 없다. 과연 그럴까? 만약 사물 간의 관계가 힘이라면 사물을 인식하는 우리와 외부 사물과의 관계도 힘으로 이해해야 한다. 즉, 외부 대상과 우리의 관계 또한 상호작용하는 힘이다. 사물 간에 작용하는 힘과 사물과 우리 사이에 작용하는, 같은 법칙하의 힘이라면 우리가 현상으로 인식하는 사물은 사물 자체의 참모습일 수밖에 없다. 더 나아가 사물을 파악하는 것과 의식이 자기 자신을 파악하는 것 또한 같은 메커니즘으로 작용한다. 물론 인간 사이의 힘 또한 존재한다. 또한 헤겔의 인식론은 칸트의 인식론과는 달리 동적 관점도 포함하고 있다.

인생은 투쟁이다

우리는 사물을 있는 그대로 보지 않고 이해해야 할 대상으로 취급한다. 대상을 이해하려 애쓰는 과정은 새로운 단계로 진입하게 한다. 새로운 단계에서는 외부의 무언가를 의식하고 있는 자기 자신을 의식한다. 이것이 '자기의식'이다. 자기의식은 나라는 개인의 의식을 넘어 나와 타인 사이에 무언가 맺어지는 관계를 얘기한다. 즉, 자기의식은 외부 대상을 고찰하면서 자기 자신을 파악하는 의식이다. 이때 의식 단계에서 알게 된 외부 대상을 의식하는 나는 또 다른 자기의식이다. 무언가를 의식하는 자기의식과 무언가를 의식하고 있는 자신을 의식하는 자기의식, 이렇게 자기의식은 둘이다. 이렇게 되면 외부 대상을 고찰하는 의식과 대상의 관계는 사물과 사람의 관계가 아니고 두 개의 자기의식의 관계, 즉, 사람과 사람의 관계가 된다.

우리는 이러한 관계를 흔히 볼 수 있다. 사물로 자기 자신을 타인에게 각인시키는 경우가 그렇다. 사람들은 자신의 부를 타인에게 과시하는 수단으로 많이 이용한다. 사람이 사물을 소유하므로 사물과 관계를 맺지만, 그 소유를 과시함으로써 사람과 사람의 관계가 된다. 이처럼 사물을 매개로 자아는 수많은 다른 자아와 연관된다.

헤겔은 사물을 매개로 타인과 관계하는 자기의식이 바로 '생명'이라고 말한다. 생명은 욕구 또는 욕망으로 나타난다. 인간은 살기 위해 먹을 것을 찾을 뿐 아니라 더 나은 환경을 만들려고 노력한다.

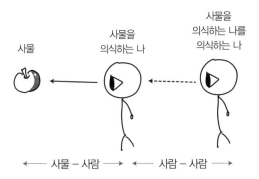

사물   사물을   사물을
             의식하는 나   의식하는 나를
                            의식하는 나

←── 사물 – 사람 ──→ ←── 사람 – 사람 ──→

수많은 욕구나 욕망 때문에 개인의 삶은 물론 인류 문명 또한 발전한다고 헤겔은 주장한다. 매우 놀라운 연결 방법이다.

　헤겔은 인간의 욕망과 욕구를 주인과 노예의 관계로 설명한다. 무한한 욕망과 욕구를 해결하고자 인간은 목숨을 걸고 서로 투쟁한다. 승리자는 주인으로 인정받고 패배자는 노예가 되므로, 인간은 승리자로 인정받고자 목숨을 걸고 싸운다. 주인은 노예가 노동으로 얻은 생산물을 단지 소비하면서 세상을 살아가므로 자유롭다. 반면 노예는 오직 복종해야만 하는 굴욕 가운데 살아간다. 인류 역사 또한 투쟁이며 동시에 인간 자아를 실현해가는 과정이다. 투쟁 속에서 살아남은 자만이 시대를 지배했고 패배한 자는 역사 속에서 사라졌다.

　의식과 자기의식을 통해서 자신의 정신이 구현된다. 정신은 자신의 가치관을 의미하며 여기에는 살아온 과정을 통해 얻은 삶의 목표가 담겨 있다.

자기의식의 단계는 이성의 단계로 넘어간다. 정신은 사물을 감각하는 것부터 시작해 투쟁하는 인간과 그들이 살아가는 현실을 살펴보며 구축된다. 이러한 삶 전체를 관통한 후에야 삶 전체가 진리라는 것을 알고 정신의 궤적을 따라 길이 분명하게 보인다. 결국 이러한 과정은 작게는 한 인간의 길이고 동시에 인류의 역사(헤겔은 인간 정신의 최종 목표로서 절대지(絕對知)라는 유토피아를 제시했다. 이것이 정신이 이르는 최종 단계다)이기도 하다.

반전의 미학, 변증법

앞에서 예시한 주인과 노예의 관계가 항상 같은 상태로 유지되는 것은 아니다. 여기에는 커다란 반전이 있다.

처음에 주인은 노예의 노동으로 풍족한 삶을 누리고 노예는 주인의 풍족한 삶을 돕는 도구 역할을 한다. 시간이 지나면 노예는 자신이 만드는 생산물을 가공해 생산성을 높이는 기술을 터득한다. 그러나 주인은 노예의 생산물을 사용하기만 했으니 생산 기술이 없다. 노예는 자신의 노동이 커다란 무기가 될 수 있음을 알게 된다. 이때 주인은 노예의 노동에 의존할 수밖에 없으므로 주객이 전도된다.

노예는 처음 상황을 부정함으로써 원래 처지보다 더 나은 새로운 상황을 만들었고 상황은 반전됐다. 세상은 이처럼 항상 변화한다.

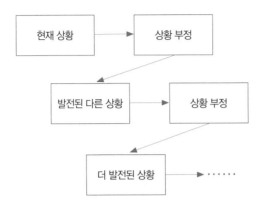

헤겔의 변증법적 발전. 세상은 어떤 상황, 상황에 대한 모순, 모순이 해결돼 생겨난 새로운 상황의 발생. 세 단계의 과정을 반복하며 발전한다.

헤겔은 세상이 늘 변하면서 발전한다고 보았다. 그래서 세상을 이해하려면 변화 과정을 반드시 알아야 한다고 생각했다. 변화에는 일종의 규칙이 있다. 복잡한 세상이지만 무질서하게 변하지 않는다. 세상은 그 안에 항상 갈등적인 요소를 품고 있어 불안정해지지만, 갈등이 극복되는 해결책이 언젠가는 나온다. 해결책은 새로운 상황을 만들고 또다시 다른 모순을 가지게 되므로 갈등 상황으로 들어간다. 세상은 어떤 상황, 상황에 대한 모순, 모순이 해결됨으로써 새로운 상황 발생, 세 단계의 과정을 반복한다. 세상은 늘 원래보다 더 나은 변화를 끌어내며 발전한다. 이것이 헤겔이 주장한 변화의 근본 원리다.

헤겔은 이 전체 과정을 변증법이라고 불렀다. 변증법은 모든 사물은 끊임없이 변화하는 과정 중에 있다고 보는 원리이자 변화를 설명하는 방법이다. 노예와 주인 간에 관계에도 변증법 원리가 적용되었음을 알 수 있다. 이러한 변증법의 원리는 개인뿐이 아니라 사회와 역사에도 적용된다. 이것이 사상, 과학, 종교, 예술, 경제, 제도 등 모든 것이 항상 변화하는 이유다.

우리가 살펴본 인식론의 모든 단계도 변증법이 적용돼 변화했다. 개인의 의식은 자기의식이 출현하면서 마무리되고, 의식이 마무리되는 지점을 다시 변증법의 시작점으로 삼는다. 의식에서 시작해 외부 대상을 부정함으로써 외부 대상을 자신의 것으로 만들어낸다. 그 결과로 욕망이 등장하고, 다시 욕망 상태가 불만족스러운 것으로 드러나고, 즉 욕망을 부정하고, 욕망을 통한 투쟁으로 결과를 얻어 종합적으로 나은 상태를 얻게 된다.

변증법적 논리학

아리스토텔레스가 창시한 오르가논 이래 논리학은 헤겔의 시대까지 그 어떤 수정이나 보완이 없었다. 칸트는 논리학이 수정할 필요가 없을 만큼 완벽하다고 했다. 그런데 오르가논에는 역사성이 없다. 헤겔은 논리학 또한 시대와 정신에 관련한 일반 법칙을 따라야 한다고 생각했다. 인식론이 역사, 개인, 문화, 인간 사회 등을 기반으로 변화했듯이 논리학도 그래야 한다고 생각했다.

칸트는 개인의 인식을 시간적 고려 없이 감성과 오성으로 나눔으로써 형식논리학을 보증하고 강화해 논리학을 주관화했다. 그에 비해 헤겔은 인식의 역사를 논리학에 넣었다. 헤겔은 인식 자체가 깊어지는 과정을 그려 객관화하고자 했다. 그러므로 헤겔의 논리학은 개인의 생각만을 다룬 단순한 주관적 논리학이 아니라 자연, 역사 및 정신 등 일반적 법칙을 따르는, 세상에 관한 객관적 논리학이다.

칸트의 범주는 각각이 절대적이고 독립적이므로 서로 연관성이 없다. 헤겔 논리학에서 범주는 상호 연관돼 이행되고 범주 전체가 하나의 발전적 체계 안에서 조직돼 양에서 질로, 질에서 양으로 변하는 등 전면적으로 유동적이다. 헤겔의 범주는 동등하지 않으며 인식은 개념을 통해 존재에서 본질로 심화한다. 그래서 심화되는 논리학은 '정체'되지 않고 '운동'한다.

인류 역사를 풀어내다

헤겔은 세상의 모든 변화를 변증법으로 설명하고자 했으니 역사도 예외일 수 없다. 오히려 가장 커다란 줄기에 속한다. 헤겔은 인류 역사 전체 기간 동안 발전이 이루어진다고 보았다.

헤겔의 역사관은 헤르더(괴테 등과 같이 질풍노도를 주도한 학자로서 칸트의 학생이었다)의 역사철학과 구성면에서 비슷한 점이 많다. 하지만 헤르더가 자연의 역사를 관조하는 반면, 헤겔은 인간 자유 의식이 앞으로 나아가는 과정을 역사로 정의했다. 그래서 인류 이성이 현실로 드러난 시점을 역사의 출발점으로 잡았다. 역사가 발전하는 방향으로 흐른다고 생각했고 근본 법칙은 '이성'이었다. 역사에서도 이성은 주요 원리로서 작용한다.

헤겔은 세계의 역사를 자유를 쟁취하려는 의식의 진보라고 생각했다. 이성이 세계를 지배하고 진보는 이성적 과정의 결과다. 역사는 곧 정신의 발전이고, 그 과정은 필연적으로 변증법적이다. 세계사는 자유에 대한 관념이 발전하는 과정이다. 그래서 역사는 자유라는 하나의 목적을 향해 진행한다. 역사는 부정의 부정을 통해 낡은 것이 소멸하고 새로운 것이 탄생하며 발전한다. 헤겔은 중국, 인도, 페르시아를 초기 문명으로, 고대 그리스와 로마를 그 다음 단계로, 봉건제에서 종교개혁까지 그리고 계몽과 프랑스혁명까지의 유럽을 그 다음 단계로 보았다. 헤겔의 세계사는 이 단계를 따라 자유 의식이 앞으로 나아가는 과정을 변증법적으로 보여준다.

세계사에서 어떻게 자유 의식을 지향했는지 헤겔의 방식으로 살펴보자. 중국과 인도는 통치자 한 사람만 자유로우므로 자유 의식이 앞으로 나아가는 세계사에서 비켜나 있다. 군주를 제외하고 나머지 국민 모두 자유가 없고 이를 판단하지도 못하는 무의지의 상태다. 그러므로 개인은 선악에 대한 도덕적 판단이 없고 판단은 오직 군주만 한다. 동양 사회에 부모 공경과 복종을 강조하는 면이 있다는 게 대표적인 예다. 인도는 상황이 다르지만, 개인의 자유가 없는 것은 마찬가지다. 카스트 제도는 정치적이 아니라 자연적인 것으로 자연이 군주의 역할을 대신한다는 점이 다를 뿐이다. 페르시아는 군주제로 중국과 비슷하기는 하지만 국가가 법이라는 일반 원칙으로 통치된다는 점이 다르다. 법에 따른 통치야말로 자유의식의 출발점이다. 자유의식이 성장할 잠재력이 있으므로 페르시아는 진정한 인류 역사의 시작점이다.

그리스와 로마 시대는 시민이 자유를 가지고 있었지만 소수였다. 그리스는 살라미스 해전(기원전 480년에 살라미스 해협에서 페르시아와 그리스 도시국가 연합군 간에 벌어진 해전. 그리스는 수적 열세에도 불구하고 페르시아 해군을 격파했다)에서 페르시아에 승리를 거둠으로 세계사의 주류가 되었다. 전쟁은 동양 전제 군주와 개인의 자유를 인식한 도시국가 간의 경쟁이었다.

개인의 자유가 보장된 그리스는 세계사에 나타난 획기적인 변화였다. 하지만 자유는 일반 시민에게만 주어질 뿐 노예는 제외됐다. 더 나아가 자신의 의지로 행동하는 대신 신탁(그리스 도시국가에는 나라에 중대한 일이나 개인의 중대사를 반드시 신에게 묻는 관습이 있었다)과 같은 외부의 힘을 빌렸으므로 시민이라도 온전한 자유는 없었다. 이른바 관습적 도덕에 기반한 사회였다. 자유가 발전하려면 자신을 비판적으로 사유하고 성찰해야 하는데 그런 과정이 없었다. 로마제국은 엄격한 규율로 다스리므로 페르시아와 비슷한 듯하나 개인의 자유를 인식한다는 측면에서 근본적 원칙은 다르다.

시대가 흘러 봉건, 종교개혁, 계몽 등을 거치면서 개인 자유의 개념은 확장한다. 헤겔은 그가 살던 19세기 초 게르만 민족의 시대는 만인이 자유로우므로 자유 개념이 정점에 이르렀다고 주장한다.

역사철학의 요점은 하나의 거대한 변증법적 운동이 현재까지 세계사를 지배한다는 것이다. 인류의 역사 전체를 조망해보면 단계적으로 발전했다. 그리스 시대의 관습적 도덕이 변증법적 운동의 시작점이다. 이러한 관습적 도덕을 부정함으로써 사람들이 자기 생각을 중시하게 되었고 종교개혁을 거쳐 개인 양심의 권리가 인정받게 되었다. 여기서 또다시 개인 사유의 자유가 부정의 대상이 된다. 자유를 인정받더라도 그것이 추상적이면 사회적 토대 역할을 하지 못한다는 것을 프랑스혁명 후의 공포정치에서 배웠다. 이 모든 것을 종합해 유기적 공동체이면서 개인의 자유가 보장되는 사회가 나타난다. 이러한 기조는 개인이 변증법적으로 발전하는 과정과 매우 흡사하다.

아인슈타인

(1879 ~ 1955)

시공간도 절대적이 아니라 상대적으로 변형된다

세상에 절대적인 것은 없어.
심지어 시간과 공간도 변하는 거야.
그런데 그 변화를 공식 하나로
다 알아낼 수 있어.

뉴턴과 칸트의 자연은 유클리드 기하에 기반을 둔 것이다. 그러므로 절대 공간과 시간 개념이 있다. 이러한 뉴턴의 세계관은 19세기에 이르러 열, 빛, 전기 및 자기 현상 등 자연에서 일어나는 모든 물리 현상으로 확장됐다. 이를 총칭해 '고전물리학'이라고 부른다. 고전물리학은 세상을 수학적으로 정확하게 설명하므로 일관적이고 매우 강력하다. 에너지 보존이라는 단일한 법칙 체계를 통하면 자연을 통일적으로 이해할 수 있었다. 아리스토텔레스 물리학의 종말을 고하게 만든 고전물리학은 완벽해 보여 더는 밝혀낼 게 없다는 생각이 들 정도였다. 그런데도 뉴턴의 세계관이 자연의 참된 진실인지는 논쟁이 있었고, 19세기 말에 고전물리학으로 설명할 수 없는 일련의 예기치 않은 발견이 있었다.

고전물리학으로 설명이 불가한 일련의 발견은 상대성이론과 양자물리학이라는 새로운 물리학으로 비로소 설명할 수 있게 됐다.

그중 아인슈타인은 20세기 물리학 혁명의 선봉자 역할을 톡톡히 했다. 상대성이론은 우리의 상식을 뒤집었다. 뉴턴 물리학에서는 세상의 모든 운동은 측정할 기준점이 있고 보편적인 시간을 따라 진행된다. 그러므로 누구든 같은 시간과 공간에서 운동을 측정할 수 있었다. 또한 뉴턴 물리학은 빛의 속도보다 빠른 물체의 운동을 설명하는 데 아무런 장애가 없고, 질량과 에너지는 별개의 것으로 호환되지 않았다.

하지만 특수상대성이론은 그렇지 않다고 얘기한다. 아인슈타인의 상대성이론은 원자의 세계를 다루는 양자역학과 함께 고전물리학을 대치하는 현대물리학의 한 축이다.

속도의 상대성

우리는 물체가 정지하고 있을 때와 등속으로 움직일 때의 운동을 실험적으로 구별하지 못한다. 두 관찰자를 생각하자. 한 사람은 버스 정류장에 정지해 있고 다른 사람은 일정한 속력으로 움직이는 버스 안에 있다. 정지해 있는 관찰자는 버스가 일정한 속도로 움직이는 걸 관찰하지만 버스 안의 관찰자는 버스는 가만히 있고 버스 정류장이 뒤로 물러나는 것을 관찰한다. 한 사람은 버스가 움직인다고 생각하지만, 다른 사람은 버스 정류장이 뒤로 물러난다고 생각한다. 이번에는 두 버스가 다른 속도로 움직인다고 해보자. 한 버스가 시속 100킬로미터의 속도로, 또 다른 버스가 시속 50킬로미터의 속도로 같은 방향으로 움직이고 있다. 하지만 우리가 시속 50킬로미터로 움직이는 버스에 타고 있다면 이번에는 다른 버스가 시속 50킬로미터의 속도로 움직인다고 할 것이고 자기가 타고 있는 버스는 정지해 있다고 할 것이다. 그러므로 버스가 정지해 있든 일정 속도로 움직이든 두 상황을 구별하는 것은 무의미해진다.

좀 더 물리적으로, 각각의 관찰자가 있는 위치를 원점으로 삼아 좌표계를 설정하자(두 관찰자는 가속도가 없으므로 모두 관성계에 있다. 각 기준계에서 일어나는 어떠한 시간과 공간의 국소적 사건도 서로 상대적으로 3차원 공간 좌표와 그때의 시간으로 표현할 수 있다). 하나는 정지해 있고 다른 하나는 일정한 속도로 움직이는 좌표계다. 두 좌표계에서 등속운동 하는 물체의 운동을 구별하는 것은 불가능하다. 우리는 이를 갈릴레이의 상대성 원리라고 한다. 어차피 모든 움직이는 상태는 상대적이므로 절대적으로 움직이지 않는 관성계란 있을 수

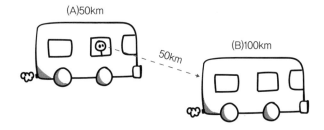

(A)버스의 관찰자는 (B)버스가 50킬로미터의 속도로 멀어진다고 생각한다. 하지만 (B)버스의 관찰자도 (A)버스가 50킬로미터의 속도로 멀어진다고 생각하지 않을까?

없다는 뜻이다.

하지만 가속도가 있는 상황이라면 다르다. 관성계에서 물체가 가속하는 경우를 살펴보자. 운동 중의 물체에 대해 정지해 있는 관찰자는 뉴턴역학에 따라 물체의 위치와 속력, 가속도를 측정할 수 있다. 그런데 물체와 같이 운동하는 관찰자도 같은 양의 가속도를 측정한다. 즉, 뉴턴 법칙은 물체에 가속도를 주면 관찰자와 관계없이 가속도는 같은 값으로 측정된다(등속운동은 어느 것이 움직이는지 구별이 되지 않지만, 가속 운동은 관찰자와 관계없이 구별된다. 가속하는 버스 밖의 관찰자는 버스의 가속도를 측정할 수 있다. 똑같이 버스 안의 관찰자도 같은 값을 측정할 수 있다. 우리가 버스 안에 타고 있을 때 버스가 갑자기 속도를 바꾸면 가속도 방향에 따라 몸이 앞뒤로 움직이는 것도 그 때문이다). 그러므로 뉴턴 물리학에서 우주의 모든 입자의 운동은 서로 다른 속도에 의한 영향은 받지 않으며, 오직 가속도에만 영향받는다($F=ma$라는 법칙을 보면 알 수 있다). 이러한 관점으로 물리의 모든 법칙은 관성계에서 불변이라고 믿어져 왔다. 뉴턴의 이 관점은 후에 정립된 광학, 열 현상, 전기 및 자기 현상에 모두 적용됐다. 그런데 문제는 전자기 현상에서 발생했다.

뉴턴의 법칙이 안 맞는다?

19세기 중엽에 완성된 전기와 자기에 관한 통합 이론인 맥스웰 방정식은 두 가지 측면에서 고전 역학의 관점에서 보면 문제가 될 만한 여지가 있었다. 첫째는 관성계에서 물리 법칙이 불변이 아닌 것 같은 현상을 태생적으로 가지고 있는 것이고, 또 하나는 빛의 속도와 관련돼 있다. 맥스웰 방정식에 의하면 전자기력이 물체의 속도에 좌우되는 듯했다. 또한 빛의 속도가 상수라고 명백하게 선언하고 있다. 첫 번째는 관성계에서 속도에 영향을 받지 않는다는 물리 법칙을 위배하는 것처럼 행동한다는 뜻이므로 뉴턴역학의 법칙과는 상반된다. 처음에는 정말 위배하는지, 빛의 속도가 왜 상수로 왜 표시되는지, 둘 사이에 어떤 관련이 있는지 의문이 제기되지 않았다.

전기와 자기는 서로 독립된 존재가 아니라 서로 관련이 있다. 전기의 흐름인 전류는 항상 자기장을 생성한다. 이와는 역으로 자기장의 변화 또한 전기를 생성한다(전류는 전하의 흐름이므로 전하가 시간에 따라 변한다. 시간에 따라 변하는 전기가 자기장을 생성하듯이 시간에 따라 변하는 자기장은 전기를 생성한다).

좌표계 상에 원점으로부터 일정 거리만큼 떨어진 곳에 전자가 놓여 있다고 하자. 전자는 거리의 제곱에 반비례하는 크기의 전기장을 공간에 만든다. 이제 정지해 있는 좌표계와 상대적으로 움직이는 좌표계를 생각하자. 등속운동하는 계이므로 관성계다. 두 좌표 상 어느 지점에 전자가 놓여 있다. 각 좌표계의 관찰자가 전자에 의해 만들어진 장을 측정한다고 하자. 정지해 있는 좌표계의 관찰자는 전하에 의해 생성되는 전기장을 관찰한다. 물론 등속으로 움직이는 좌표계상의 관찰자도 전기장을 관측할 것이다. 그런데 움직이는 좌표계 상의 관찰자는 상대적으로 전자가 등속으로 멀어지고 있음을 본다. 그러므로 이 관찰자는 움직이는 전하에 의한 전류를 측정한다. 전류가 있으면 자기장이 생성되므로 이 계의 관찰자는 자기장도 측정한다. 정지하여 있는 계나 등속운동하는 계 모두 관성계니까 물리 법칙이 변하지 않아야 하는데도 정지 좌표계의 관찰자는 전기장만 측정할 수 있는데 등속운동하는 좌표계의 관찰자는 자기장도 측정한다. 이는 물리 법칙에서 어긋나는 것처럼 보이지만 명백히 측정되고 있으므로 이에 대한 해석이 필요했다. 즉, 물리 법칙에 어긋나지 않도록 해결해야 했다.

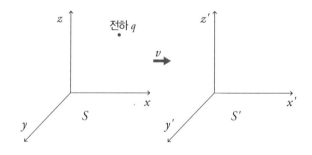

두 관성계에서 전하에 의해 서로 다른 물리량을 측정한다. S계에서는 전기장만 측정하는 반면에 S계에서는 전기장과 자기장을 함께 측정한다.

빛의 전달자, 에테르

소리는 공기나 물속에서 전파되지만, 진공 중에서는 전달되지 않는다. 공기나 물이 소리를 전달하는 매질 역할을 하는 것이다. 음파가 매질이 있어야 전달되듯이 모든 파는 매질이 있어야 전파된다. 그래서 빛도 매질이 있기 때문에 전파된다고 믿었다. 빛의 매질은 '에테르'로 이름 붙었다. 에테르는 아리스토텔레스가 천상의 원소라고 정의한 것에서 그 연원을 찾을 수 있다. 19세기와 아리스토텔레스 당시의 에테르 개념은 다를지라도 빛의 전달 매질로서 자연스럽게 에테르의 존재를 당시 학자들은 받아들였다. 맥스웰이 빛이 전자기파임을 밝혀내자 전자기파를 전달하는 매질로서 에테르가 있음을 더욱 확신했다. 아리스토텔레스는 에테르가 우주 공간을 가득 채웠다고 말했다. 태양으로부터 오는 빛이 우주 공간을 지나 지구에 도달할 수 있는 이유는 에테르가 우주 공간을 메우고 있기 때문이라는 것이다.

에테르의 존재 여부를 측정하는 실험이 있었다. 19세기 말에 미국의 마이컬슨과 몰리는 에테르의 존재를 확인하려고 파동의 간섭 현상을 이용한, 상당히 정확한 방식의 실험을 수행했다. 마이컬슨은 간섭계라는 것을 만들었다. 한쪽 방향에서 빛이 전달되고, 중간에 이 빛을 분리하는 반투명 거울을 설치한다. 그리고 분리된 빛은 각각의 방향에 존재하는 거울에 반사돼 다시 돌아온다. 거울이 설치된 거리가 같다면 당연히 빛은 보강 효과가 난다. 그러나 지구는 자전하고 있기 때문에 자전 방향 반대로 에테르의 바람이 불 것이다. 그렇다면 같은 거리를 움직이더라도 에테르의 농도 차이 때문에 빛이 돌아오는 시간에 차이가 날 것이고, 그러면 간섭 무늬를 만들 것이다.

마이컬슨의 간섭계는 이런 간섭 모양을 측정할 수 있을 만큼 매우 정밀한 장치였다.

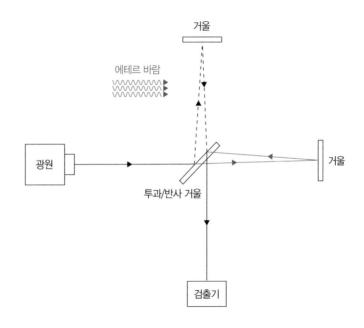

마이컬슨—몰리 간섭 실험. 빛이 투과/반사 거울에서 둘로 쪼개져 하나는 직진하고 다른 하나는 직각 방향으로 향하여 반사된다. 에테르가 있다면 에테르 바람 때문에 두 빛의 경로차가 발생하고, 이에 따라 간섭무늬가 만들어질 것이라는 가정이었다. 에테르가 없다면 경로차는 없어 간섭 무늬가 발생하지 않는다.

그러나 몇 달에 걸쳐 실험을 반복했지만 기대했던 간섭무늬는 나타나지 않았다. 실험 결과는 마치 에테르가 존재하지 않는다고 말하는 것 같았다. 하지만 믿을 수 없었다. 에테르에 대해 운동하는 공간의 거리가 간섭 효과가 나타나지 않을 만큼 짧아지면 상쇄된다(피츠제럴드가 제안했다고 해서 피츠제럴드 수축이라 부른다)는 등의 가설이 쏟아져 나왔다. 다만 이는 순전히 에테르가 있다고 확신한 다음 실험 결과를 해석한 것뿐이었다.

특수상대성이론의 등장

그런데 에테르가 존재하지 않는다면 어느 방향으로나 빛의 속도는 일정하므로 간섭무늬가 나타나지 않는다. 이러면 빛은 갈릴레이의 상대성 원리를 따르지 않는다(만약 빛이 갈릴레이 변환을 따른다면 맥스웰 방정식에서 전자기파의 속도가 항상 일정하게 나오지 않아야 한다. 왜냐하면 지구의 공전 위치에 따라 속도가 달라져야 하기 때문이다). 즉, 빛의 속도는 관찰자와 관계없이 일정하다. 같은 방향으로 움직이는 두 개의 광선에 관찰자가 함께 탔다고 가정하자. 한쪽 광선에 타고 있는 관찰자가 측정한 다른 쪽 광선의 속도는 상식적으로는 0이 돼야 한다. 그러나 관찰자가 측정한 빛의 속도는 여전히 원래 속도로 측정된다(같은 방향으로 달리는 속도 c인 빛을 빛의 반의 속도로 달리는 가상의 물체에서 관찰해도 빛의 속도는 c/2가 아니고 여전히 c로 측정된다).

자동차의 전조등에서 나오는 빛의 속도가 자동차의 속도 때문에 빨라지지 않는다는 말이다. 만약에 에테르가 없다면 갈릴레이의 상대성 원리에 의한 변환은 적용되지 않는다.

갈릴레이의 상대성 원리를 대체할 새로운 원리가 필요했다. 로렌츠는 갈릴레이의 상대성에 기반을 두되 복잡한 방법으로 변환해서 마이켈슨 몰리 실험 결과를 설명하였다. 그의 변환식(이 식을 로렌츠 변환식이라 부른다)은 전자에 의해 생성되는 장이 관찰자에 따라 변하지 않아 관성의 법칙에 위배되지도 않았다. 로렌츠는 새로운 변환식을 전자기학도 뉴턴의 세계관을 따른다고 옹호하는 도구로 사용했다. 변환식에 이미 포함된 '길이와 시간 변화'를 가상으로 취급했고, 빛은 관성계에서 '발광체의 속도와는 무관하게 일정'하다는 결과가 나왔지만, 이를 믿으려 하지 않았다. 로렌츠는 자신이 구축한 변환식 이면에 시공간에 대한 기존 개념을 바꾸는 엄청난 물리적 혁신이 도사리고 있다는 것을 전혀 눈치채지 못했다.

아인슈타인은 전혀 새로운 관점으로 이 문제를 해결하려 했다. 그는 대담하게 두 가지 기본적인 원리를 가정한다. '모든 관성계에서 물리 법칙은 불변'이라는 첫 번째 원리는 얼핏 보기에 뉴턴의 제1법칙을 의미하는 듯했다. 하지만 아인슈타인이 의미하는 바는 뉴턴의 역학에만 적용되는 원리를 전자기 현상(로렌츠 변환을 응용하면 앞에서 설명한 모순이 해결된다)을 비롯한 물리학 전체로 확장해 모든 물리적 현상에 절대적 관성계가 있을 필요가 없다는 것이었다. 두 번째는 '모든 관성계에서 빛의 속도는 발광체의 속도와는 관계없이 같다'는, 놀랍고 혁신적인 가정이다. 기존의 물리학자들은 이를 전혀 받아들이지 않았다.

아인슈타인은 빛의 속도가 변하지 않는다면 대신 다른 무엇인가가 변해야 한다고 생각했는데 그 무엇이 '시간'과 '공간'이다. 두 가지 원리를 바탕으로 구축되는 새로운 변환식은 로렌츠가 이미 제시한 식과 같다. 로렌츠는 시간과 공간의 변화를 가상적으로 생각했지만 아인슈타인은 관찰자에 따라 실제로 변한다고 생각했다. 같은 변환식에 대한 전혀 상반된 해석이었다. 식을 만든 로렌츠는 고전 전자기이론에 문제가 없음을 증명하려고 사용했고 아인슈타인은 고전이론이 수정되어야 함을 보이고자 사용했다.

시간이 느려진다?

관찰자와 관계없이 빛의 속도가 일정하다면 대신 시공간이 변해야 한다. 거리가 줄고 시간이 천천히 흘러야 효과가 보상된다. 뉴턴역학에서 시간과 공간은 외적 요인과 관계없이 절대적으로 존재하지만, 특수상대성이론(특수라는 의미는 관성계에서만 적용되기 때문이다. 즉, 등속운동하는 계에 적용된다는 의미다. 아인슈타인은 나중에 가속계에도 적용하여 일반상대론을 구축한다)은 그렇지 않다고 주장한다. 시간과 공간은 상대적으로 변한다. 특수상대론에서는 관찰하는 대상이 더는 절대적이 아니다. 관찰자에 따라 물리량들이 다르게 나타나는 상대적 관점을 제시한다.

시간과 공간이 어떻게 변하는지 살펴보자. 물리량 측정은 등속으로 운동하는 물체와 함께 움직이고 있는 관찰자와 움직이는 물체에 대해 정지해 있는 관찰자에 의해 이루어진다. 물체가 등속운동할 때 물체와 함께 움직이는 관찰자가 물체의 길이를 측정할 때, 정지해 있는 관찰자는 정지 상태에서의 물체의 길이, 시간 및 질량 등의 물리량을 측정한다. 움직이는 물체에 대해 정지해 있는 관찰자는 더 짧은 길이, 더 느린 시간과 더 커진 질량을 측정하게 된다.

매우 빠른 속도로 길이 100미터의 우주선이 항해한다고 하자. 우주선에 타고 있는 사람이 우주선의 길이를 측정하면 100미터다. 그러나 우주선 밖의 관찰자가 측정한 우주선의 길이는 100미터보다 짧다. 우주선의 속도가 빛의 속도에 가까울수록 측정한 길이는 더욱더 짧아진다. 우주선 안에 있는 사람의 시계가 한 시간이 흘렀음을 가리킬 때 지구상의 관찰자는 우주선의 시간이 한 시간보다 훨씬 더 느리게 감을 느낀다. 마찬가지로 우주선에 타고 있는 사람이 우주선의 질량을 측정하면 정확히 우주선이 정지해 있을 때의 질량과 같다. 반면 우주선 밖의 관찰자는 우주선의 질량이 정지해 있을 때의 질량보다 더 크다고 측정한다. 우주선이 빛의 속도에 가까이 다가갈수록 측정의 차이는 더 커진다. 만약에 물체의 속도가 빛의 속도에 도달하면 길이는 0이 되고 질량은 무한대이며 시간은 정지

된다. 그러므로 어떠한 물체도 빛의 속도에 도달할 수 없다. 관찰자에 따라 시간과 길이 또는 질량이 다르게 측정되는 현상이나 물체가 빛보다 빠를 수 없다는 제한은 뉴턴역학에서는 있을 수 없었다.

시간 지연, 질량 증가와 길이 수축 등의 상대론적 효과는 여러 실험으로 증명되었다. 가속기로 입자를 가속할 때 에너지를 높이면 높일수록 속력이 빨라지므로 상대론적으로 질량이 증가해야 한다. 상대론이 맞는다면 질량이 무거워져 가속하기가 더 어려워진다. 실제로도 그렇다.

1970년대 초, 비행기에 세슘원자시계를 탑재해 적도 근방에서 지구를 두 바퀴 돌며 실험했다. 이때 비행기 안의 시계가 지표면의 시계보다 늦게 간다는 게 확인됐다.

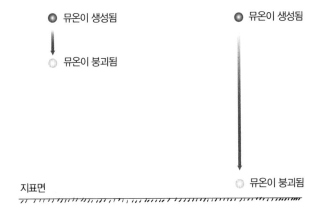

상대론적 효과를 무시하면 뮤온은 공중에서 붕괴해 버린다(왼쪽). 상대론적 효과를 고려하면 뮤온의 수명이 길어져 지표면에 도달하므로 우리가 관측할 수 있다(오른쪽).

좀 더 드라마틱한 결과는 지표면에 떨어지는 뮤온이라는 소립자를 관찰했을 때 목격할 수 있다. 우주 공간에서 떠다니던 양성자가 대기 입자들과 반응하면 뮤온 입자가 생성된다. 생성 지점은 지표면에서 최소한 10킬로미터 이상의 상공이다. 그런데 뮤온 입자의 수명은 약 2.2마이크로초밖에 안 된다. 뮤온이 빛의 속도로 움직인다고 가정해도 생성된 후, 약 600미터 정도 움직이고 다른 입자로 붕괴할 정도의 시간이다. 뮤온은 지상 10킬로미터 이상에서 생성되므로 공중에서 다른 입자로 붕괴돼야 한다. 하지만 실제로는 지상에서도 관측된다. 상대론적 이유 때문이다. 지상의 관측자는 뮤온 입자가 매우 빠른 속도로 움직이기 때문에 시간 지연이 일어나 수명이 훨씬 길어졌으므로 지상에 도달했다고 결론을 내린다. 반면 뮤온에 타고 있는 관찰자가 있다면 길이(거리)가 수축해 비행거리가 훨씬 짧아져 지상에 도달했다고 설명할 것이다. 이유는 다르지만, 결론은 같다.

$E=mc^2$

아인슈타인 하면 사람들에게 가장 먼저 떠오르는 이미지는 $E=mc^2$이라는 식일 것이다. 이 식은 티셔츠나 머그잔에 새겨져 있는 등 일상생활에서 흔히 접할 수 있어 모르는 사람이 거의 없다. 질량과 에너지의 등가를 표현하는 이 식은 특수상대성이론에서 자연스럽게 도출된다. 로렌츠 변환식으로부터 질량과 에너지의 상관관계를 비교적 쉽게 구할 수 있다. 원래 프랑스의 천재 수학자인 푸앵카레가 이 식을 가장 먼저 유도했다. 푸앵카레는 이론적으로 특수상대성이론에 매우 근접했지만, 결정적인 한 발을 내딛지 못해 로렌츠와 같은 생각에 머물렀다.

뉴턴역학에서 질량이란 《프린키피아》에서 정의한 바와 같이 물질의 양으로서 물체에 가해진 힘에 주어진 가속도를 나누어 정의된다. 하지만 특수상대성이론에 의하면 물체의 속도가 커질수록 질량은 증가한다. 일상에서 관찰할 수 있는 물체의 속도 정도라면 무시할 수 있겠지만 만약 물체가 빛의 속도에 가까워진다면 질량은 무시할 수 없을 만큼 증가할 것이다. 그래서 물체의 질량은 속도 증가와 관련 있는, 운동에너지에 비례해 증가한다고 추론할 수 있다. 질량이 에너지와 관련돼 있을 수밖에 없다. 아인슈타인은 이 식을 이용해 질량과 모든 형태의 에너지를 같은 개념으로 해석했다.

오늘날 물리학에서 기본입자의 질량을 에너지 단위로 쓰는 이유도 질량과 에너지 등가식에서 기인한다. 예로 들어 소립자의 질량은 에너지 단위로 쓴다. 전자의 질량은 0.51MeV, 양성자의 질량은 983MeV다. MeV는 메가전자볼트라고 읽고 백만 전자볼트에 해당한다. 1전자볼트란 전자나 양성자가 전압이 1V인 건전지에서 얻은 에너지이다.

질량과 에너지가 등가라면 아주 작은 질량일지라도 같이 곱해지는 빛의 속도의 제곱 때문에(C^2) 엄청난 양의 에너지를 만들어낼 것이다. 하지만 물체의 속도가 광속보다 무시할 만큼 작은 일상생활에서는 상대론적 에너지가 뉴턴역학의 운동에너지로 회귀한다. 그러므로 특수상대성이론은 뉴턴역학을 포함한다.

시간과 공간은 분리할 수 없다

아인슈타인은 빛의 속도가 관성계에서 항상 일정하고 법칙이 상대적으로 움직이는 계에 대해 불변이라면 다른 곳에서 일어나는 두 사건은 사건이 일어나는 기준계에 의존해야 한다고 생각했다. 즉, 일어나는 사건 사이의 거리와 시간 간격은 기준계에 따라 다르다. 이 개념은 우리가 무심결에 믿었던 사실이 틀렸음을 의미한다. 이제 늘 사용하던 현재라는 개념이 모호해지기 시작했다. 특정 시간에 특정 사건이 일어났다고 주장하는 것은 무의미하기 때문이다.

뉴턴역학에서는 서로 다른 공간에서 두 사건이 동시에 일어날 수 있다. 아예 괘념치 않았다는 표현이 맞을 것이다. 하지만 특수상대성이론에서는 서로 다른 공간에서 사건이 동시에 일어나는 것이 불가능하다. 그러므로 상대론은 오직 현재만 실재라든가 지금의 연속적인 진행으로 시간이 흐른다거나 하는 시간에 관한 철학적 관점도 무의미하게 만들었다.

고전물리학에서는 서로 멀리 떨어져 있는 두 사건이 똑같은 시각에 일어난다고 생각해 시간과 공간을 아무 거리낌 없이 따로 떼어 분리할 수 있었다. 그러나 상대론에서는 동시성이 관찰자에 따라 상대적이기 때문에 시간과 공간을 따로 분리할 수 없다. 그래서 공간과 시간(space and time)이라 하지 않고 시공간(spacetime)이라 한다. 이처럼 특수상대성이론이 근대 물리의 시간과 공간 개념을 수정할지라도 원인이 결과에 항상 선행한다는 인과성은 기존과 마찬가지로 이론의 핵심 요소로서 존재한다. 즉, 길이, 시간 및 질량 등 여러 물리량이 관찰자에 따라 다르게 나타나도 물체의 속력이 빛보다 빠를 수 없다는 기본 원칙이 있으므로 물리 현상이 인과성을 위배하지는 않는다.

특수상대성이론이 올바르다고 해서 모든 물리적 현상이 상대적이라고 말하는 것은 잘못이다. 특수상대성이론은 오히려 우주 공간에 관해서는 관계주의 공간보다 뉴턴의 절대공간의 개념을 더 변호한다(5장 뉴턴 편을 참고하자). 특수상대성이론에 따르면 시간 흐름을 입자 간 거리 변화로 대치하는 것이 가능하지 않다. 상대론적 맥락에서 보면 단 하나의 공간적 거리라는 건 존재하지 않기 때문이다. 그러므로 입자 간 거리만 의미 있다고 주장하는 관계주의적 입장은 특수상대성이론에서 더 곤란에 빠진다. 유사하게 상대적으로 가속하는 기준계 사이의 변환에도 불변인 근본적인 물리 이론을 구축하는 작업은 가능하지 않다. 상대론적 맥락에서 보면 가속하는 관찰자의 기준계를 포괄적이고 일관되게 정의할 수 없기 때문이다.

일반상대성이론

아인슈타인은 등속계에 대한 상대론을 가속계까지 확장했다. 각고의 노력 끝에 완성된 일반상대성이론은 가속도와 중력을 구분할 수 없다는 개념에서 시작한다. 뉴턴의 2법칙에 따라 물체의 질량은 그 물체에 주어진 힘의 크기를 가속도로 나눈 값으로 정의된다. 이를 관성질량이라 한다. 그런데 같은 맥락에서 질량은 중력으로도 정의할 수 있다. 일상생활에 쓰이는 많은 저울이 중력을 이용한 것이다. 고로 질량은 관성질량과 중력질량으로 측정할 수 있다. 뉴턴도 각각 다른 방법으로 측정한 질량이지만 같다고 생각했다. 나중에 정밀하게 측정해 본 결과 두 질량은 같음이 밝혀졌다. 그러나 사람들은 그저 우연의 일치일 뿐으로 여겼다.

아인슈타인은 질량의 등가가 물리적으로 매우 중요한 의미가 있음을 알아챘다. 상대성이론을 가속계까지 확장하기를 원한 아인슈타인은 두 질량이 같다면 중력장하에서의 시간이 장이 미치지 않는 밖에서보다 느리게 흘러가리라 예상했다. 가속계에서 시간 지연이 있다면 중력이 미치는 계에서도 시간 지연이 있음을 등가원리가 알려주고 있기 때문이다.

또한 등가원리에 의해 무게나 구성이 다른 두 물체가 있을지라도 주어진 중력장에서 가속되는 정도는 같다. 그렇다면 중력장하에 있는 모든 물체는 같은 궤적을 그리며 운동할 것이다. 외력이 없는 공간에서 물체가 직선 운동하는 것과 같은 이치다. 중력은 일반 가속도와 같으므로 중력을 만드는 질량이 있으면 공간이 휘어지며 빛은 휜 공간을 따라 움직여야 한다. 정리하자면 중력이 미치지 않는 공간은 편평하니 빛은 직선 경로를 따르지만, 중력에 의해 휘어진 공간에서는 빛의 경로도 휘어질 수밖에 없다. 휜 공간에서의 물체의 운동은 유클리드 기하를 따르지 않고 비유클리드 기하학을 따른다. 비유클리드 기하학에 따라 물체의 중력은 공간의 휨으로 대체된다.

이제 정말 일반상대론에서 예측하듯 빛이 휜 경로를 따라 움직이는지를 실험으로 증명해야 했다. 별은 항성과 행성으로 나뉘는데 행성은 지구와 같은 별로서 항성 주위를 도는 것들이고 항성은 태양과 같이 위치가 (지구에서 보기에) 고정된 붙박이별이다. 만약 태양과 일직선상에 붙박이별이 있다고 하자. 지구는 태양 주위를 공전

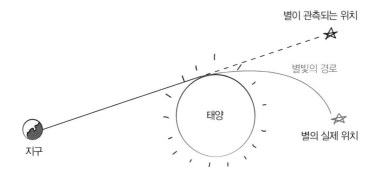

별이 태양에 의해 가려져 있는 경우 지구는 낮이므로 별이 관측되지 않으나 개기일식 때는 별의 위치가 측정된다. 일반상대론에 따르면 태양에 의해 공간이 휘므로 별빛은 직선이 아니라 곡선으로 나아간다. 그래서 실제 위치와 다르게 별의 위치가 관측된다. 상대론은 이 차이를 정확히 예측한다.

하므로 태양과 별 사이에 있기도 하고 지구, 태양 그리고 별의 순으로 있기도 한다. 지구가 태양과 별 사이에 있을 때는 지구에서 별의 위치를 측정할 수 있으나 그림처럼 지구, 태양 다음에 별이 자리 잡았을 때는 별을 관찰할 수 없다. 만약에 태양의 중력에 의해 공간이 휘게 되고 빛이 이 경로를 따라 움직인다면 지구와 별 사이에 태양이 있더라도 별을 관측할 수 있을 것이다. 낮에는 태양의 밝기 때문에 실험할 수 없지만 개기일식으로 태양이 가려지면 일시적으로 어두워지므로 이런 현상을 관측할 수 있으리라 예상했다. 그리고 영국의 에딩턴이 1919년 남아프리카에서 개기일식이 일어났을 때 이 현상을 관찰했다. 일반상대론은 이 실험으로 중요한 관문을 통과한 셈이다.

중력파의 발견

일반상대론은 휘어진 공간으로서 중력장 개념을 도입했다. 이것으로 뉴턴역학에서 설명할 수 없었던, 중력이 어떻게 공간을 통해 전달되는지 설명한다. 일반상대론은 중력과 전자기력의 장이론 사이의 괴리감을 없앴다. 전자기력에서 전자기파가 방출되듯이 중력장 이론은 중력에서 중력파가 방출됨을 예측했다. 그렇지만 아무 때나 중력파가 방출되는 것은 아니다. 전하가 움직여야 전자기파가 발생하듯이, 중력을 일으키는 연원이 움직여야 중력파가 발생한다.

일반적인 중력파는 우리가 측정할 수 없을 정도로 미미하고, 초신성 폭발이나 두 개의 중성자별이 쌍성으로 합체되는 경우 또는 천체의 중력이 붕괴할 때처럼 질량이 급변하는 상황에서 중력은 측정될 만큼 요동친다. 이때 질량의 분포가 시간에 따라 변하면서 시공간이 휘는 양상이 변하고, 양상의 변화가 공간을 따라 퍼진다. 마치 고요한 수면 위에 돌을 던졌을 때처럼 주변 시공간을 뒤흔들며 중력의 변화(에너지)가 전파된다.

그런데 중력파는 전자기파와 비교하여 강도가 너무 작다. 자연에 존재하는 힘의 크기를 절대적으로 비교하면 양성자와 중성자 사이에 작용하는 힘인 강력을 1이라고 봤을 때, 전자기력이 약 100분의 1(10^{-2})이고 중력은 10^{-38}이다. 그러므로 중력은 전자기력과 비교해 무시할 정도로 작다. 전자기파는 1864년 맥스웰이 예언하고 나서 세기를 넘기지 않고 발견(1864년에 맥스웰이 전자기파의 존재를 예언한 지 22년 만인 1886년, 독일의 헤르츠는 전자기파의 존재를 실험으로 증명하는 데 성공했다)됐지만 중력파는 한 세기가 지나도록 발견되지 않았다. 파의 요동이 워낙 약해서 당시까지 중력파를 관측하려는 시도는 모두 실패했다. 그러다가 2015년에, 아인슈타인이 1916년에 중력파를 예측한 지 100년 만에 라이고(LIGO) 실험 팀이 극적으로 발견했다(이 공헌으로 2017년 노벨물리학상을 받았다). 라이고팀은 레이저 간섭계를 이용해 두 블랙홀의 충돌로 방출되는 중력파를 최초로 확인했다. 연구팀은 두 블랙홀이 충돌하면서 태양 질량의 약 3

배 정도에 달하는 질량이 에너지로 변해 중력파로 전달됐을 것이라고 추정했다. 13억 광년 떨어진 곳에서 발생한 시공간의 요동이 잔물결처럼 변해 지구까지 이어졌고, 라이고 관측소가 이를 놓치지 않은 것이다.

일상에서의 상대성이론

특수 및 일반상대성이론이 실험실 차원에서 맞을지라도 일상의 우리에게는 여전히 와닿지 않는다. 그런데 상대성이론이 옳다는 예를 일상생활에서 발견할 수 있다. 바로 내비게이터다. 내비게이터가 오차 없이 제대로 작동하려면 특수와 일반상대성이론 모두를 적용해야 한다.

내비게이터는 GPS 위성으로부터 정보를 받아 길을 안내한다. GPS는 자동차를 비롯해 비행기, 선박, 스마트폰뿐만 아니라 세계 어느 곳에서든지 자신의 위치를 정확히 알 수 있게 해주는 위치 정보 시스템이다. 인공위성이 보내는 정보는 원리적으로 움직이는 모든 것의 위치를 알려준다.

정확한 위치를 알아내는 방법은 차원에 따라 다르다. 만일 직선과 같은 1차원이라면 기준점 2개를 잡고 각각의 거리를 재면 위치를 결정할 수 있지만 2차원 평면에서 위치를 확정하려면 3개의 기준점이 필요하다. 지구는 3차원 지표면이므로 4개의 기준점이 필요한데 지구가 한 개의 기준점이 되고 최소 3대의 전담 위성이 지구 위를 돌며 거리를 알려준다.

위성과 GPS 수신기 사이의 거리는 위성에서 송신된 신호와 수신에서 측정된 신호의 '시간 차이'로 측정한다. 그래서 GPS 위성에는 가장 정확한 시계라는 세슘원자시계가 탑재돼 있다. 그런데 GPS 위성은 지상 약 1만7600킬로미터 상공에서 시속 2000킬로미터로 돌고 있다. 이런 속도라면 특수상대론에 의해 매일 위성에 탑재된 시계의 시간이 지상의 시간보다 백만 분의 7초 늦어진다. 또 일반 상대론에 의하면 위성은 지상보다 중력의 영향을 적게 받으므로 매일 백만 분의 45초 빨라진다. 그래서 이 두 효과를 상쇄하면 매일 GPS 위성 시계는 백만 분의 38초씩 빨라질 것이다. GPS 시스템이 정상 가동하려면 매일 10억 분의 45초 내에서 정확해야 하는데 백만 분의 38초 빨라지면 위치 정보가 매일 10킬로미터 정도 엇나가게 되어 모든 위치 관련 추적은 신뢰를 상실할 것이다.

처음으로 세슘원자시계를 탑재했을 때, 일부 GPS 위성 관련 공학자들이 시계를 너무 과신한 나머지 보정프로그램을 꺼버렸다. 그러자 즉각적으로 GPS는 잘못된 정보를 쏟아내기 시작했다. 오늘날 GPS 위성은 상대론적 효과를 바로잡는 프로그램을 탑재하고 있다. 아인슈타인의 상대론은 허구가 아니라 과학이다.

양자물리학

플랑크, 보어, 하이젠베르크, 슈뢰딩거

세상은 확정적이 아니라 확률로밖에 설명할 수 없다

보이지 않는 세상은
보이는 세상과는 완전히 달라.
보이지 않는 세상에서는
모든 것이 확률로 돌아가고 있었어.
그리고 내가 쳐다보기만 해도
세상은 바뀌는 거야.

19세기에 이르러 중력 외에 열, 빛, 전기 및 자기 현상 등 우리가 볼 수 있는 모든 자연 현상을 설명하는 수학적 체계를 갖추게 되었다. 힘과 질량 등 물리량으로 무장한 고전물리학은 더 이상 밝혀낼 것이 없다고 자부할 만큼 강력했다. 하지만 19세기 말과 20세기 초반에 걸쳐 물리학에 중대한 변화가 일어났다. 몇몇 실험 결과가 과학이 발전하는 방향을 꺾었다. 고전적으로 설명할 수 없는 실험 결과들이 나왔고 이를 양자물리학이라는 새로운 물리 체계로 설명할 수 있게 됐다. 양자물리학자들은 괴상하고 비상식적인 물리 현상이라도 수학적 구조로 이해할 수 있다고 믿었다. 그리고 그 시도는 매우 성공적이었다.

　　물리학은 전혀 새로운 국면을 맞게 됐다. 원자의 세계를 다루는 양자물리학은 아인슈타인의 상대성이론과 함께 고전물리학을 대치하는 현대물리학의 한 축이다. 양자물리학은 20세기를 지배하였고

21세기인 지금도 그 권위는 여전하다. 이로써 우리는 가시적인 거시세계와 보이지 않는 원자 이하의 미시세계를 모두 이해할 수 있게 됐다. 상대성이론이 심오한 원리를 기반으로 만들어진 것과 달리 양자물리학은 관찰 결과를 어떻게든 방정식으로 풀어내려는 많은 뛰어난 물리학자의 치열한 노력 끝에 탄생했다. 과정은 복잡했고 안정적인 물리 체계를 정립하는 데까지 30여 년의 긴 시간이 소요되었다. 그러므로 양자물리학은 어느 한 물리학자가 대표한다고 볼 수 없다.

설명하지 못하는 발견들

19세기 말에 발견된 음극선과 X−선 및 방사선은 원자 세계를 연구하는 데 디딤돌이 되었다. 뢴트겐은 공기를 뽑은 유리관 양쪽 끝에 쇠로 만든 전극을 끼워 넣어 만든 크룩스관에 고전압을 주면 음극선에서 X−선이 발생한다는 사실을 발견하였다. X−선은 눈에 보이지 않지만, 빛은 통과하지 못하는 물질을 투과하는 매우 강한 광선이었다. 이 발견은 유럽 전역에 알려져 연속적으로 새로운 현상을 발견

크룩스관의 원리. 고전압의 전류를 흘려 관 안에 음극선이 생성된다. 응용 기술이 발달해 19세기 말에는 수만 볼트의 전압 생산이 가능하게 되었다.

하는 기폭제가 됐다.

곧이어 베크렐은 우라늄이 포함된 자연 암석에서 X−선과는 다른 모종의 방사선이 방출됨을 발견했다. 퀴리 부부는 우라늄만 방사선을 내는 것이 아니라는 것을 그들이 발견한 폴로늄(Po)과 라듐(Ra)을 통해 증명했다. 이 원소들은 우라늄보다 수백 배 더 강력한 방사선을 방출했다.

과학자들 사이에서 방사선은 이해할 수 없는 것이었다. 방사성 원소는 외부로부터의 에너지 공급 없이도 강한 광선을 방출하기 때문이다. 상황은 새로운 물리학의 탄생을 예고했다. 비슷한 시기에 톰슨은 음극선이 전기를 띤 입자의 흐름이라는 것을 밝혀냈고 이 입자를 전자라고 명명했고, 전자를 원자를 구성하는 핵심 요소로 이해했다. 이후 전자 탐구는 방사선 연구와 함께 수행됐다.

전자기학에 도입된 '장(field)'의 개념은 획기적이었다. 공간은 단순히 물질을 담는 빈 그릇이 아니라 운동에너지가 있어 어떤 상호작용이 이루어지는 자리가 됐다. 물론 장은 방정식으로 표현된 물리 세계이므로 추상적이고, 우리가 감각적으로 알 수 있는 사물의 근저에 존재한다. 장 개념은 중력장을 고려한 일반상대성이론을 비롯해 현대물리학의 발전 방향을 정해주었고 통일장 이론의 모태가 됐다.

원자 내에 전자가 있다는 게 확인되고 나서부터 전자기학의 장과 전하의 개념이 올바로 정립됐다. 전류는 장에 의해 일어나는 작용이 아니고 전하의 흐름이었다. 그러므로 주위의 장은 자기장으로서 스스로 운동에너지를 얻는 전자와 상호작용한다. 더불어 원자가 더는 쪼갤 수 없는 기본 단위가 아님이 밝혀졌으니 이들 세계를 이해할 필요가 있었다.

이 즈음 마치 더 이상 밝힐 것이 없다고 장담하던 물리 종말론을 비웃기라도 하듯이 고전적으로 설명할 수 없는 여러 실험 결과가 쏟아졌다. 모든 물질은 열을 흡수하면 반드시 방출하게 돼 있다. 난로를 생각하면 된다. 난로는 내부의 연료를 태워 열을 밖으로 방출하는데 열을 품은 따뜻한 공기가 천정으로 올라갔다가 다시 내려오면서 방안 전체가 따뜻해진다. 이를 대류라 한다. 그리고 난로 가까이 있는 사람은 열을 직접 받는데 이처럼 열이 공간을 통해 직접 전달되는 현상을 복사(radiation)라 한다. 이때 물체가 방출하는 열복사의 세기는 물질의 종류와 관계없고 온도와 파장에 따라 달라진다는 것이 알려졌다. 난로는 가열된 정도에 따른 온도에 따라 각각 다른 색의 빛을 방출한다. 처음엔 붉은색에서 온도가 올라갈수록 노란색이 되고 결국 파란색으로 변한다. 이때 빛의 강도 및 파장을 측정하면 온도가 오를수록 파장이 짧은 빛이 더 많이 방출되는데, 빛의 강도가 최고인 파장을 중심으로 이보다 낮거나 높은 파장의 에너지가 모두 방출된다(그림 참조). 고전 전자기이론으로는 극대점이 존재하지 않는 상승이나 하강 곡선만 예측할 수 있었다. 그래서 곡선이 이런 형태를 띠는 이유를 설명할 수 없었다. 이를 '흑체복사 문제'라고

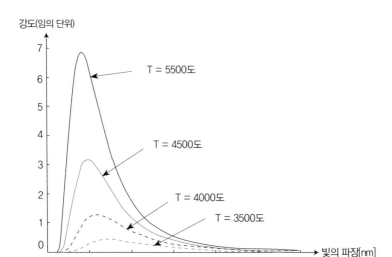

강도(임의 단위)

흑체 복사 곡선. 가열된 흑체가 방출하는 빛은 온도가 커짐에 따라
더 짧은 파장의 빛을 내고 항상 극대값을 가진다.

한다.

설명할 수 없는 문제는 또 있었다. 당시 새로 발견된 수십 종의 원소들의 성질을 알아내는 연구가 대대적으로 유행했다. 대표적으로 원소에 에너지를 가해 발생한 빛을 프리즘에 통과시켜 나타나는 빛의 파장을 관찰하는, 분광학을 이용한 방법이 있었다. 이때 실험을 반복해도 변하지 않는 특징이 있었다. 원소마다 고유의 파장으로 분리된 불연속 띠가 보였다(선스펙트럼). 마치 바코드와 같았다. 기체가 특정 파장(색깔)의 빛을 방출하거나 흡수한다는 발견은 19세기에 알아낸 위대한 성과다. 선스펙트럼은 빨간 선에서 파란 선으로 갈수록 간격이 줄어드는 특징이 있다. 선들은 특정 파장을 가리키므로 이것으로 에너지 상태를 알 수 있다. 그런데 의문은 '왜 선이 보이는가'였다. 선이 나타난다는 것은 원자의 에너지가 불연속이라는 의미였다. 그런데 전자기이론에 따르면 가속된 전하에 의한 전자기복사는 물질 내에 있는 전하들의 무질서한 운동 때문에 발생한다. 그래서 모든 진동수의 전자기복사가 방출되므로 연속 스펙트럼이어야 했다.

빛의 입자설

1900년, 플랑크는 방출돼 나오는 복사 에너지가 불연속이라는 대담한 제안으로 흑체 복사 문제를 풀었다. 플랑크는 전자기 현상에 열역학 분야에서 사용하는 통계 방식(볼츠만의 통계 역학)을 응용했다. 그래서 빛에너지를 주파수에 비례하는 어떤 덩어리라고 가정했다. 실험에서 측정된 곡선은 가정과 정확히 들어맞았다. 에너지가 불연속 상태라는 건 고전물리학으로는 설명할 수 없었다. 고전적으로는 어떠한 물리적 상황이라도 열적 평형 상태라면 방출할 수 있는 에너지는 균등하게 나뉘므로 항상 연속적이다. 불연속 에너지의 기본 단위 에너지는 양자(quanta)라고 명명됐다. 에너지 양자는 $h\nu$로 표기하는데 h는 플랑크 상수, ν는 진동수를 가리킨다(일반적으로 불연속 에너지는 $E=nh\nu$로 표시한다. n은 정수이므로 에너지는 불연속이다). 이는 물리학에 혁신적인 변화를 가져왔다.

고전물리학이 해결하지 못한 또 다른 문제로 빛이 마치 당구공처럼 행동하는 '광전효과'가 있다. 광전효과는 금속에 빛을 쐬었을 때 전자가 방출되는 현상이다. 전자기 이론에 의하면, 방출된 전자의 운동에너지는 빛의 세기에 의존한다. 하지만 실험 결과는 세기와는 무관하고 오히려 빛의 진동수와 관련이 있었다. 1905년, 아인슈타인은 어떤 한계진동수 이상의 빛을 금속에 쬐어 주어야만 물질 표면에서 전자가 튀어나오는 결과를 보고 빛은 입자라고 해석했다. 금속에 가해지는 빛의 에너지를 에너지 양자로 해석할 수 있는데, 그렇다면 빛은 입자(광자)의 흐름이다. 빛은 파동으로서 전자기파지만 입자의 성질을 띤 광자로도 고려해야 한다는 뜻이다. 광자 개념은 1922년에 X-선을 전자에 충돌시켜 산란한 X-선의 진동수 변화를 측정함으로써 증명됐다. 광자와 전자 모두 당구공 같은 입자로 가정해야 실험 결과를 설명할 수 있는데 이 실험을 '콤프턴 산란'이라 부른다.

원자 안의 에너지 준위

원자의 기본적인 구조는 러더포드가 알파입자를 금박 표적에 때린 산란 실험으로 밝혀냈다. 이 실험에서 대부분의 알파입자는 아무런 방해도 없이 원자를 통과했다. 그러나 매우 드물게 입사 방향에 대해 90도 이상의 매우 큰 각으로 튀어나오는 것들이 있었다. 양성자가 가운데 뭉쳐 있고 전자가 주위에 흩어져 있음을 실험은 분명하게 보여주었다. 원자를 지름 100미터의 원이라고 비유하면 원 중앙에 있는 원자핵의 크기는 콩알만 하고 100미터 밖에 모래알만 한 전자가 돌고 있다. 알파입자 대부분이 금박 표적을 그냥 통과한 이유는 비유처럼 원자 안은 거의 텅텅 비었기 때문이다.

원자모형은 중앙에 '양'으로 하전된 원자핵이 있고, 그 주위를 양전기를 상쇄할 수 있는 만큼의 '음' 전기를 띤 전자들이 도는 구조다. 그러나 이러한 원자 구조는 물리학자들에게 매우 당혹스러운 모델이었다. 고전 전자기이론에 따르면 원자 안의 전자는 양성자와의 끌림 때문에 순식간에 에너지를 방출하며 핵으로 떨어져야 한다. 그러나 실제는 그렇지 않기 때문에 고전 이론은 선스펙트럼은 고사하고 원자가 왜 안정적인 구조를 갖추고 있는지도 설명하지 못했다.

고전 원자 모형

20세기 초 물리학자들은 선스펙트럼이 원자 자체의 구조를 보여주는 것이라는 데까지는 의견을 모았지만, 구체적으로 어떻게 설명해야 할지 몰랐다. 보어는 급진적이면서 새로운 방법으로 문제 풀이에 접근했다. 선스펙트럼과 원자 구조를 바탕으로 전자는 특정 궤도에서만 돈다고 가정했다. 정해진 궤도만 도는 전자는 궤도 사이만 오갈 수 있다. 전자가 궤도를 옮겨갈 때는 두 궤도의 에너지 차이에 해당하는 만큼의 빛(광자)을 흡수하거나 방출해야 한다. 특정 궤도에서만 이러한 일이 일어나므로 전자의 에너지는 불연속 상태에 있다. 그러므로 선스펙트럼은 전자가 도는 특정 궤도의 에너지 준위다.

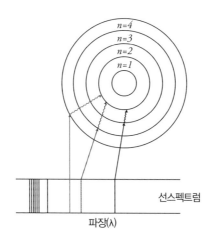

보어의 원자 준위에 대한 가설. 전자는 특정의 궤도(*n=1, 2, 3......*)에만 존재하고
들뜬상태에서 바닥 상태로 떨어질 때 광자가 방출되고 이것이
선스펙트럼의 형태로 나타난다.

보어의 가설을 바탕으로 궤도 사이에서 전이가 일어났을 때 방출하는 광자 에너지를 계산한 값이 수소 원자의 선스펙트럼과 일치한다는 놀라운 사실이 밝혀졌다(참고로 수소 원자의 바닥 상태의 에너지는 -13.6eV이고 첫 번째 들뜬 상태의 에너지는 -3.4eV로 보어의 가설에 의한 계산치와 일치한다). 이로써 플랑크의 양자 덩어리 가설과 아인슈타인의 광양자 가설은 원자 세계의 에너지가 불연속이라는 개념으로까지 확장됐다. 원자 세계에서 양자화는 모든 물리량에 나타나는 일관된 물리적 특성인 듯했다. 하지만 보어의 모형은 원소 중 가장 간단한 구조인 수소 원자에 대해서만 맞을 뿐, 수소 다음으로 무거운 헬륨 원자에 대해서조차 설명하기가 쉽지 않았다.

입자이면서 파동?

빛을 입자로 생각하면 에너지가 불연속이라는 설명이 가능하다. 보어도 빛을 입자로 여겨 광자를 주고받는다고 설명한다. 원자의 세계에서 에너지가 양자화되는(불연속적인) 구조적 특성은 운동량, 위치, 각운동량 등 다른 모든 물리량에서도 발견할 수 있다.

다른 한편으로 생각하면 파동이 입자적 성질을 가지고 있다면 역으로 입자가 파동적 성질을 가질 수도 있을 것이다. 파동의 입자성이 알려진 지 근 20여 년 만에 드 브로이는 모든 입자에 파동적 성질이 있다고 제안했다. 그때까지만 해도 빛이 입자적 성질을 가진다는 것은 단지 전자기파만의 특징적 성질이라고 이해하고 있었다. 입자에 파동적 성질이 있다면 파동과 입자의 물리량은 상관이 있게 된다. 에너지(E)는 hv로 진동수(v)와 관계가 있듯이 파장(λ)은 운동량 (p), 즉 $\lambda=h/p$로 표시된다.

입자의 파동성은 데이비슨과 저머가 니켈 결정으로 된 표적에 입사된 전자가 결정격자에서 산란해 회절되는 걸 발견함으로써 검증됐다. 이로써 원자 이하 세계에서의 모든 물질은 파동성을 띠고 있으며 모든 파동은 입자적 성질을 띠고 있다는 것이 알려졌다. 전자의 파동적 성질을 응용한 장비가 전자현미경이다. 광학현미경은 빛을 사용하지만, 전자현미경은 전자를 사용한다. 전자는 가시광선 (빛)보다 파장이 십만 배 정도 작아 광학현미경과는 비교가 되지 않을 정도로 분해능이 높다.

모든 파동이 입자이고 모든 입자가 파동인 성질을 '이중성'이라 부른다. 고전물리학에서 입자와 파동은 서로 독립적으로 해석되고 서로 연계성이 전혀 없다. 물리적 현상을 다룰 때 입자로 기술하거나 파동으로 기술하거나 둘 중 하나다. 그러므로 이중성은 고전물리학과 현대물리학을 구분하는 핵심 성질이다.

불확정성의 원리

그런데 이중성이라는 성질은 위치와 운동량, 에너지 그리고 시간과 같은 물리량을 측정하는 데 영향을 끼친다. 입자를 파동으로(또는 파동을 입자로) 고려하면 당장 입자의 위치를 특정할 수 없는 문제가 생긴다. 입자라고 하면 특정 지점을 가리키므로 정확하게 위치를 표현할 수 있다. 그러나 파동이라고 하면 특정할 수 있는 지점이 없어진다. 파동은 파의 형태이므로 위치는 어떤 점 대신에 파가 형성된 부분의 어딘가다. 그런데 파동의 길이를 나타내는 파장과 운동량은 역의 관계에 있으므로 입자의 위치 측정은 운동량을 측정하는 데도 영향을 준다.

그림에서 (a)는 똑같은 파형이 반복되는 경우다. 파장은 정해져

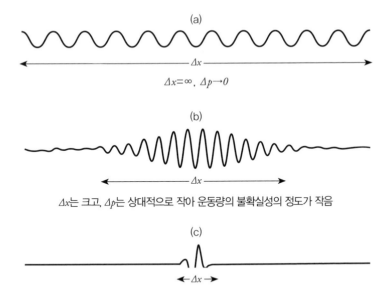

(a)

$$\Delta x = \infty, \ \Delta p \to 0$$

(b)

Δx는 크고, Δp는 상대적으로 작아 운동량의 불확실성의 정도가 작음

(c)

Δx는 작고 반면에 Δp는 상대적으로 크다. 위치의 불확실성의 정도가 작음

있으므로 운동량은 정확히 알 수 있다. 반면에 위치는 파가 있는 모든 영역이므로 정확히 어디에 있는지 불확실하다. (b)는 반복 파형의 파가 형성돼 있어 파장을 비교적 잘 측정할 수 있으므로 운동량을 잘 알 수 있는 반면에 파의 폭이 커서 입자의 위치를 잘 모른다. 그에 비해 (c)는 파가 나타나는 영역이 짧아 입자의 위치를 비교적 좁은 영역의 어딘가로 정할 수 있는 반면, 파가 상대적으로 없으므로 운동량은 잘 모르게 된다. 이렇듯이 위치를 정확하게 측정하면 할수록 운동량은 점점 더 측정할 수 없게 되고, 반대로 운동량을 좀 더 정확하게 측정하고자 하면 할수록 위치 측정의 불확실성은 커진다.

위치와 운동량의 이런 관계는 원자 세계에서 무시할 수 없다. 이를 불확정성의 원리라고 하는데 하이젠베르크가 처음 제안했다. 불확정의 관계를 식으로 쓰면 $\Delta x \Delta p \geq \hbar/2$의 형태로 표현되는데 p와 x는 각각 운동량과 위치이므로 Δp와 Δx는 각각 운동량과 위치의 불확실 정도를 나타낸다. 즉, Δp가 무한대이면 운동량 값은 전혀 정할 수 없고 만약에 0이면 하나로 정해졌다는 뜻이다. $\hbar$는 플랑크 상수로서 10^{-34} 정도로 대단히 작은 값이기 때문에 일상 세계에서는 무시해도 된다.

불확정성의 원리는 물리량을 측정하는 장치의 정밀도와는 관계없는 자연법칙이다. 장비가 아무리 정확해도 운동량과 위치를 동시에 정확히 알 수는 없다. 불확정성의 원리는 입자/파동 이중성의 필연적 귀결이다.

불확정성의 원리는 에너지와 시간에 대해서도 똑같이 기술될 수 있다. 매우 짧은 시간만 존재하는 에너지는 불확정성이 커진다. 이 순간에는 에너지 불확실성의 정도가 아주 크기 때문에, 그 시간 범위 내에서 모든 에너지를 가질 가능성이 있어 에너지 보존법칙이 성립하지 않을 수 있다. 불확정성의 원리는 원자의 세계와 같은 미시세계를 다룰 때 매우 중요하다. 물론 거시세계에서의 시간 간격은 상당히 길므로 에너지 보존법칙은 항상 성립되고, 불확정성의 원리에 의한 효과는 완전히 무시할 수 있다. 양자물리학은 모든 자연 현상이 역학적 법칙을 따라 진행되므로 운동의 모든 것을 미리 결정할 수 있는 고전물리학과 상반된다. 철학계는 고전물리학의 결정론과 보편성과 타당성에 열광했지만 불확정성 때문에 다시 뒤틀어진 세계에서 영감을 받게 됐다.

양자역학의 탄생

보어의 가설을 바탕으로 만든 원자 구조는 이제 이해할 수 있는 범위를 넘어가고 있었고 파동과 입자의 이중성에 관한 증거는 늘어만 가므로 무엇보다 현재의 현상을 보편적으로 설명할 방정식이 필요했다. 그런 의미에서 1925년은 양자물리학계에서 매우 중요한 해로 기록될 것이다. 이 해에 행렬을 사용해 양자적 현상을 설명한 새로운 역학이 구축됐다. 다음 해에는 드브로이의 물질파 개념을 바탕으로 슈뢰딩거가 파동역학을 개발했다. 행렬역학과 파동역학은 모두 양자화를 올바르게 설명했다. 결국 다른 표현일 뿐이었다. 이로써 양자역학은 고전역학처럼 하나의 독립된 분야로 정립될 수 있었고 양자 현상을 다룰 두 종류의 방정식을 갖게 됐다.

행렬역학은 물리량의 불연속 구조를 직관적으로 잘 표현할 수 있는 장점이 있는 반면 미분 방정식이 아니므로 문제를 풀기가 매우 어려웠다. 슈뢰딩거의 파동방정식은 파동처럼 행동하는 입자의 위치를 확률로 정의했다. 뉴턴역학 체계에서는 입자의 위치를 정확히 표현하지만, 양자역학에서는 단지 확률로만 얘기할 수 있다. 위치, 상호작용하는 입자의 에너지, 운동량 등 다른 모든 물리량에도 확률을 적용한다.

슈뢰딩거 방정식은 보어의 원자 가설로 예측한 수소 원자의 에너지 준위를 정확히 계산해냈다. 수소 원자의 양성자와 전자 사이의 끌림력 에너지는 그들 사이의 거리에 반비례하고 전기량의 곱에 비례한다. 끌림력에 대한 슈뢰딩거 방정식의 해를 구하는 과정에서 파동함수가 유한하다는 조건을 적용하면(무한이 되면 물리량의 확률적 조건을 만족하지 못한다) 모든 물리량이 불연속, 즉 양자화된다. 이렇게 구한 에너지는 실험적으로 구한 수소 원자의 선스펙트럼과 완벽하게 일치했다.

확률론

뉴턴역학과 양자역학은 미래를 예측할 수 있다는 점에서는 같은 맥락이나 관점은 완벽히 다르다. 뉴턴역학은 초기 조건이 물리 현상의 미래 상태를 결정한다는 특징이 있다. 물리 현상은 인과적 구조를 따라 차례로 일어난다. 즉, 원인에서 결과로 진행된다. 뉴턴역학에서는 입자가 어디에 있고 어느 방향을 향하는지 정확히 알 수 있다. 그러나 양자역학은 입자가 어느 순간 어느 곳에 있는지 단지 확률로만 얘기할 수 있다. 더욱이 물리 현상을 직접 관찰할 수도 없다.

물론 뉴턴역학처럼 양자역학도 시간에 따른 물리적 상태 변화를 예측한다. 하지만 위치와 운동량이 정확한 값으로 표현되지 않고 단지 실험으로 밝힌 확률만 제시할 뿐이다. 그러므로 양자역학은 인과적 구조가 존재하지 않으며 입자의 운동이 시공간에서 정해진 궤적을 그리는 대신 확률의 구름 속에 갇힌다.

그렇다면 양자역학이 자연을 정확하게 묘사하는지 궁금할 것이다. 자연 현상을 확률로만 설명할 수 있다는 것 자체가 불완전하게 느껴진다. '슈뢰딩거의 고양이'라는 유명한 사고 실험이 있다. 이 실험은 방사성 붕괴와 같은 양자 수준의 불확실성에 고양이를 등장시켜 거시적 상황으로 전환한다. 어떤 상자안에 독극물이 있다. 이 독극물를 조절하는 스위치는 방사성 물질이다. 그리고 이 상자에 고양이도 갇혀 있다고 가정하자. 방사성 붕괴가 진행되면 독이 방출돼 고양이는 죽는다. 그런데 방사성 붕괴는 확률적으로 일어나는 현상이다. 우라늄의 반감기가 3만 년이라고 하는 말은 우라늄이 붕괴해 그 양이 50퍼센트가 되는 때까지 3만 년이 걸린다는 의미다. 여기서 우라늄 안의 원자가 붕괴하고 안 하고는 순전히 확률에 의존한다. 그러므로 양자 방정식은 시간에 따라 고양이가 죽었을 확률이 몇 퍼센트라고 제시할 수 있다. 하지만 어느 특정 시간에 고양이가 살아 있는지는 상자를 열어봐야만 확인할 수 있다. 이것을 어떻게 해석해야 할까? 양자역학은 어떠한 사건이 일어나리란 것을 확률로밖에 예측하지 못하므로 불완전한 것일까?

하지만 양자역학은 매우 정확하게 양자적 현상을 설명할 수 있을 뿐만 아니라 여태껏 알지 못했던 새로운 물리적 현상도 예측한다. 그 예로 원자 이하의 세계에서 발견되는 특징적인 물리량인 스핀(실제로 도는 것은 아니다) 예측을 들 수 있다. 양자역학에 의하면 모든 입자는 고유의 스핀을 가지고 있다. 수소 원자 주위를 돌고 있는(돌고 있다고 관용적으로 표현하지만 역시 실제로 도는 것은 아니다. 정확히는 궤도에 존재할 확률이 높다는 것뿐이다) 전자는 스핀 방향이 두 가지인데 에너지가 미세하게 다르다. 스핀은 양자론에서 독립적으로 자연스럽게 유도되는 양이다. 이중성에 근거해 이에 맞는 조건을 설정하면 두 개 또는 세 개 등으로, 스핀의 양에 따라 구성할 수가 있다. 이는 양자론이 설명하는 조건에서만 가능하여 뉴턴역학으로는 스핀을 구성할 수 없다. 수소 원자의 에너지 준위는 후일 더 미세하게 쪼개어져 있음이 밝혀지는데 이 또한 양자 이론으로 예측할 수 있었다. 뉴턴역학은 결정론으로, 양자역학은 확률론으로 자연을 설명한다고 해석할 수밖에 없다.

철학적 논쟁, 상보성의 원리

양자역학의 해석 방식은 오늘날에도 물리학자와 철학자 사이에 논쟁이 있을 정도로 뜨거운 이슈다. 하이젠베르크의 불확정성의 원리에 따르면, 위치와 운동량을 동시에 정확히 측정하는 것은 불가능하고 에너지와 시간에 대해서도 같은 원리가 적용된다. 보어는 불확정성의 원리를 양자역학이 적용되는 세계 자체의 한계로 인정하고 이를 '상보성 원리'라고 칭했다. 상보성 원리는 양자역학적 물체가 실험에 따라 파동 또는 입자의 성질을 보인다는 뜻이다. 그러므로 불확정성의 근원은 파동-입자의 이중성에 있다고 주장했다.

고전물리학의 관점에 따르면 한정된 영역에 존재하는 '입자'와 공간의 일정 범위에 퍼져서 존재하는 '파동'은 완전히 배타적이고 서로 모순적이다. 그러나 양자물리학에서는 입자-파동적 성질이 고전적으로 입자라고 생각했던 전자나 파동이라고 생각했던 빛에서도 발견된다. 그런데 전자나 빛이 입자와 파동의 성질을 동시에 나타내는 일은 없다. 이들은 파동성을 측정하는 장비에서는 파동처럼 행동하고, 입자성을 측정하는 장비에서는 입자처럼 행동한다. 이는 양자역학의 수학적 형식에서도 분명하게 드러난다. 전자의 양자역학적 상태(위치와 운동량)를 수학적으로 정의할 수 없기 때문이다. 양자계는 모든 가능한 상태가 확률적으로 뒤섞여 있다. 다만 측정으로만 양자계가 어떤 상태인지를 알 수 있다.

이 개념의 중요한 결론은 측정 행위가 물리 세계에 영향을 준다는 것이다. 슈뢰딩거의 고양이 실험의 예에서도 이러한 사실을 확인할 수 있다(슈뢰딩거의 고양이는 원래 상보성 원리에 반대되는 예시로서 슈뢰딩거가 제안한 사고 실험이었다). 뚜껑을 열기 전까지는 고양이가 살아 있는지가 확률로만 주어진다. 그러므로 뚜껑을 열기 전까지 고양이는 살아 있으면서 죽어 있는 것이다. 그렇지만 뚜껑을 열면(측정을 수행하면) 생사가 확정된다. 이처럼 양자역학은 연구 대상과 실험 장치가 간섭한다.

상보성 원리는 기존의 고전물리학을 따르던 철학적 개념을 근본적으로 흔들었다. 고전물리학에서는 우리의 관찰과 관계없이 연구 대상의 물리적 특성을 말할 수 있었다. 하지만 양자물리학에서는 그럴 수 없다. 상보성 원리는 오늘날 많은 실험을 통해 밝혀졌다(아인슈타인은 이런 양자역학적 기술이 완벽하지 않다며 끝까지 반대했다). 설마 그럴까 하는 의구심이 들기도 하지만 측정 행위가 물리 세계에 영향을 준다는 것은 사실이다.

또 '얽힘'이라는 현상이 있다. 어떤 한 쌍의 입자가 서로 분명한 상관관계를 가지고 있는 현상을 말한다. 얽힘은 순전히 양자역학적 효과로서 이에 대한 실험은 20세기 후반부터 이루어지기 시작했다. 예를 들어, 전자 한 쌍이 얽혀 있다고 해보자. 이 전자의 스핀은 하나가 마이너스(−)면 반드시 다른 하나는 플러스(+)다. 그런데 어떤 전자가 플러스인지 마이너스인지는 측정을 해야 결정된다. 이때 하나의 전자를 측정하면 다른 쪽도 결정된다. 다른 계의 상태는 측정할 필요 없다. 게다가 아무리 멀리 떨어져 있더라도 그 즉시 결정된다. 측정이 물리 세계에 영향을 주기 때문에 한 쌍의 입자가 공간을 넘어 순식간에 서로 정보를 교환하는 것처럼 행동하는 '먼 거리에서의 유령 작용'도 실제로 일어난다. 이런 양자 얽힘 이론이 등장한 이후 양자 암호, 양자 컴퓨터, 양자 전송 실험 등이 꾸준히 진행됐고 양자 얽힘은 실증되고 있다. 얽힘을 실용화할 수 있다면 이는 전자기파의 발견과 응용에 버금가는 인류 문명의 진보를 불러올 것이다.

그런데 상보성 개념이 양자 세계에만 있는 게 아니다. 일상생활에서도 볼 수 있다. 우리는 어떤 내용을 '정확하고 자세하게' 설명하면서도 동시에 '간단 명료하게' 진술하기는 어렵다. 이때 진실과 명료는 서로 상보적 관계. 불교에서의 선문답 또한 상보성 원리에 따르는데 선문답은 짧고 간단한 어귀로 구성돼 있어 무슨 말을 하는지 즉각적으로 이해되지 않는다. 그런데 이를 풀어서 설명하려면 길어질 수밖에 없다. 과학 논문에서도 그 예를 찾을 수 있다. 3쪽 정도로 제한된 편지 형식의 논문은 과학적으로 분명한 사실을 짧게 기술해야 하므로 내용을 함축적으로 쓸 수밖에 없어 이해가 쉽지 않다. 진술의 '진실성'과 '명료성'은 서로 상보적일 수밖에 없다.

양자 현상의 응용

원자의 양자 현상을 이해하면서부터 우리가 자연 현상을 이해할 수 있는 범위가 두 배 이상으로 늘어났다. 열, 전기, 자기, 광학 등 모든 분야에 양자적으로 접근할 수 있었고, 여태까지 우리가 이해할 수 없었던 다양한 물리 현상을 설명할 수 있게 됐다. 물질이 파동·입자처럼 행동하는 이중적 성질을 올바르게 이해하는 것이야말로 세상을 깊이 있게 이해하는 열쇠다.

방사성 붕괴는 고전적으로 절대 설명할 수 없는 것이었다. 그중에 알파입자 방출은 물질의 파동적 성질 때문에 일어나는 전형적인 현상이다. 알파입자가 원자핵 안에 갇혀 있다가 밖으로 방출되는 현상은 고전물리로 해석할 수 없다. 밖으로 방출되는 알파입자의 에너지가 핵 내의 구속 에너지보다 수 배 정도 적으므로 고전적으로는 입자가 핵 밖으로 나가지 못한다. 이는 마치 공이 벽을 뚫지 못하는 것과 같다. 그러나 입자와 파동의 이중성 때문에 알파입자가 핵 장벽을 뚫고 나올 수 있다. 이 현상을 '터널 효과'라고 한다.

그리고 방사성 붕괴로 전자가 방출되는 베타붕괴와 매우 강한 빛인 감마선이 방출되는 감마붕괴가 있는데 이들 모두 양자적 현상에 속한다. 원자핵의 결합에너지, 연쇄 핵분열 반응, 핵융합 등 원자와 관련된 모든 물리적 현상 또한 양자역학으로 설명할 수 있다.

레이저는 빛을 증폭하는 장치다. 오늘날 의료, 금속가공, 정보처리, 측량 등 많은 분야에 응용되고 있다. 레이저는 어마어마한 양의 에너지를 먼 거리까지 전달할 수 있다. 원리는 광자가 바닥 상태 또는 들뜬 상태에 있는 원자와 상호작용하는 방법에서 찾을 수 있다. 양자적으로 자유 방출뿐 아니라 유도 흡수 및 유도 방출이 가능해 빛이 증폭된다. 이는 전형적인 양자적 현상이다.

물질의 구조와 성질 또한 비로소 이해되기 시작했다. 원자의 이온 결합, 금속 결합 또는 공유 결합은 양자적으로 설명된다. X-선을 이용해 결정의 구조를 알아내는 방법 역시 양자론적으로 설명할 수 있다. 도체나 절연체가 왜 있는지는 고전 전자기이론으로 어느 정도 이해할 수 있었으나 양자이론이 도입되면서 비로소 완전히 이해됐다. 도체와 절연체 그리고 반도체는 전자가 있을 수 있는 '띠(band)'와 있을 수 없는 에너지띠의 개념으로 설명할 수 있다. 특히 반도체에서 일어나는 여러 현상은 순전히 양자적이며 이것이 오늘날 컴퓨터 문화를 가능하게 했다. 그밖에 전기저항이 어떤 온도 이하에서 사실상 0이 되는 초전도 현상도 양자 현상 기반의 이론으로 설명할 수 있다. 액화 기체가 절대 영도에 가까워지면 점성과 마찰이 없어지는 초유동 현상이 일어 나는데, 이 또한 양자적으로 해석할 수 있다.

병원에서 쓰는 자기공명 이미지 장치(MRI)는 양성자의 스핀과 같은 양자적 성질을 이용해 인체를 3차원으로 관찰하는 것이다. 우리 몸 안은 70퍼센트가 수분이므로 수소 원자핵(양성자)이 많다. 여기에 강한 자기장을 걸어주면 양성자들이 한 방향으로 정렬하는 것을 이용해 인체 영상을 얻는다.

오늘날 물리학자들은 입자의 양자 특성을 얽히게 만들어 수십 킬로미터 멀리 떨어져 있는 입자의 상태를 바꾸는 실험에 성공했다. 이처럼 먼 거리에서의 양자 신호를 전송할 수 있게 되자 이를 이용한 원거리 통신이 개발되기 시작됐고 순식간(빛보다 빠르게)에 정보 전달이 가능한지를 시험하고 있다. 또한 양자 컴퓨터도 가능하다. 양자 컴퓨터가 성공한다면 계산 속도나 정보 저장 능력이 기존 슈퍼컴퓨터와는 비교도 안 되게 좋을 것이다. 현재 쓰고 있는 컴퓨터는 이진수 체계로 정보의 단위는 비트다. 비트는 한 번에 하나의 값만 가진다. 그에 비해 양자 컴퓨터의 정보 단위인 큐비트는 측정하기 전까지는 모든 가능한 상태가 중첩돼 있으므로 다수의 값을 가질 수 있다. 그렇기 때문에 고작 수십 큐비트가 현재의 테라바이트보다 더 많은 정보를 저장할 수 있다. 양자역학적 기술 혁명은 오늘도 계속되고 있다.

현대입자물리

디랙, 파인만, 겔만, 와인버그.
유럽 입자물리연구소의 초대형 검출기

세상은 이상적 입자 간의 에너지 교환일 뿐이다

세상은 아주 작은 무엇인가로 되어 있고,
그것들은 관찰할 수 없지만 수학적으로 완벽해.
마치 플라톤이 주장했던 것처럼……

양자역학은 자연을 설명하는 확실한 수학적 방법으로 인정받았다. 물리학자들은 양자역학의 연장선에서 물질을 구성하는 궁극적 기본 단위와 이들이 어떻게 상호작용하는가를 밝혀내고 있다.

물리학자들은 하나의 통일된 이론으로 우주 전체를 설명할 수 있다고 믿는다. 우리의 우주는 매우 복잡하고 변화무쌍하지만 한 가지 통일된 법칙하에 움직인다. 이것은 원래 플라톤의 생각이었고 아리스토텔레스가 내세운 기본적인 생각의 틀이기도 하다. 그런데 이러한 어느 한 사람의 절대적인 공헌만으로 우리 세상을 이해할 수는 없다. 지금도 우주의 비밀을 알아내려고 수많은 물리학자가 수고하고 있다. 세상을 설명하는 이론은 일반인의 접근이 어려울 만큼 더욱더 추상화돼 고도의 수학적 그물망이 됐다. 또한 원자 깊숙이 존재하는 또다른 세상을 알아내려면 이전과는 비교조차 되지 않는 거대 장치가 필요하게 됐다.

현대입자물리학은 물질과 우주가 어떻게 생겨났는지와 같은 근본적인 문제에 대한 해답을 찾고 있다. 물질을 구성하는 기본 단위를 알아내고 이들이 어떻게 상호 반응하는지 그 전모를 밝혀내고 있다. 실험적 발견과 이론적 해석으로 기본입자와 힘에 관한 이해는 상당히 진전되었다. 우주의 운동을 지배하는 기본 힘은 우리가 이미 알고 있는 '중력'과 '전자기력' 외에 20세기 들어 발견된 '강력'과 '약력'이 있다. 전자와 양성자 간의 전기력이 원자를 구성케 하지만 핵 안의 양성자와 중성자가 단단히 뭉쳐 있도록 하는 힘은 강력이다. 또한 방사성 원소가 안정화 과정을 거치게 하는 힘은 약력이다. 전자기력과 중력은 무한대까지 힘이 미치지만, 강력과 약력은 오직 원자 핵과 같은 초근접 거리에서만 영향을 미친다. 중력을 제외한 세 힘을 통합하는 통일장 이론을 구축하는 것이 입자물리학의 목표다(원자 이하의 세계에서 중력의 영향은 완전히 무시할 만큼 적기 때문에 일반적으로 통일장 이론에서는 제외한다). 입자물리학은 고대 그리스의 철학적 사변이 창출된 지 2600여 년 만에 만물을 설명하는 실제 이론에 다가서고 있다.

통일 이론의 꿈

오늘날 과학은 상당히 세분돼 있다. 이 가운데 물리학은 가장 근본적인 무언가를 연구하고 있다. 생물에서 연구하는 유기체를 들여다보자. 유기체는 핵산, 물, 당, 지질 그리고 단백질로 구성된 세포의 집합체다. 세포는 분자가 긴 사슬로 연결된 것이고, 분자는 다시 원자로 돼 있고, 원자는 또 양성자와 중성자를 품은 핵과 전자로 구성돼 있다. 양성자와 중성자는 쿼크로 구성된다. 그러므로 물리적 실체를 밝히는 면에서 보면 물리학이 생물학과 같은 상위 과학을 포괄한다. 그렇다면 물리학에서 밝혀낸 법칙을 다른 과학에 응용할 수 있지 않을까? 물리학이 물질의 구성 단위와 이들이 상호작용하는 원리를 밝혀낸다면 상위 과학을 이해할 수 있는 게 아닌가? 이처럼 근본적인 문제를 해결하면 상위의 것을 이해할 수 있다는 생각을 '환원주의'라고 한다.

어떠한 현상을 이해하려면 우선 근원적인 것을 알아야 한다. 그러므로 근본을 파악해 모든 현상을 통일적으로 설명하려는 시도가 고대부터 있었다. 환원주의의 기원은 그리스 시대로 올라갈 만큼 오래된 아이디어다. 기원전 그리스의 밀레토스 학파부터 원자론자에 이르기까지, 철학은 결국 '세상을 어떻게 통합적 관점에서 이해하는가'의 문제였다. 플라톤은 이러한 각각의 생각을 다듬어 통합을 시도했다. 플라톤은 통합 원리를 이데아에서 찾았다. 그런데 세상의 통일 원리로서 내세운 이데아는 한편으로 세상을 알 수 없게 규정해버렸다. 아리스토텔레스는 인간이 이성으로 알아낸 것을 실재와 동일시해, 이성으로 세상을 체계적으로 통합할 수 있다고 믿었다. 통합 원리로서 목적론은 개개의 하문을 통일된 법칙에 따라 체계화하는 데 결정적 역할을 했다. 그의 사상은 가히 학문의 통일장 이론이라 할 만하다. 아리스토텔레스와 같이 인문, 사회과학 그리고 자연과학 모두를 포함한 방대한 지식을 자신의 체계로 통합한 사상가는 없었다.

하지만 이러한 통일 이론의 꿈은 뉴턴이 등장하기 전까지 한갓 철학적 사변에 지나지 않았다. 뉴턴역학은 자연의 작동 방식을 올바로 묘사해 객관성을 담보했다. 이때부터 환원주의는 한갓 생각에 지나지 않는 것이 아니라 실제로 이루어질 수 있는 꿈으로 탈바꿈했다. 18, 19세기에 걸쳐 열역학, 전자기학 및 광학과 화학에서 획기적 진보가 일어나 환원주의적 사고를 더욱더 굳건히 만들었다. 기폭제가 된 것은 맥스웰의 전기와 자기 현상을 통합한 이론이다. 맥스웰이 전기력과 자기력을 통합한 선례를 남겼으므로 힘의 통합은 현대물리학이 시작된 이래 원대한 꿈이 되었다.

전자기력과 중력을 통합하려는 시도(아인슈타인과 슈뢰딩거는 이 문제를 해결하는 데에 그들 인생 후반부를 바쳤다)가 있었지만, 전자기력을 설명한 양자역학과 중력을 설명한 일반상대성이론은 형식이 완전히 달라 통합할 수 있는지조차 불분명하다. 그러나 중력을 제외한 나머지 힘들을 통일하겠다는 꿈은 달랐다.

보이지 않는 존재

19세기 말부터 1940년대에 이르기까지 물질을 이루는 단위로서 원자는 확실히 존재함을 보여주었다. 실험 결과가 워낙 분명해 감각으로 알 수 없다고 해서 무시할 수 있는 게 아니었다. 보이지 않는 것은 과학이 추구할 영역이 아니라거나 탐구 대상이 아니라는 주장은 어불성설이었다. 20세기에 들어서자 원자는 전자와 양성자 그리고 중성자로 이루어진 실제적 구조물로 인식됐다. 원자의 장막 안에서 밝혀진 새로운 정보는 알려진 지식을 바탕으로 새 지식을 쌓는, 점진적 축적의 결과였다. 보이지 않는 것을 탐구하는 20세기의 실험은 근대와 현대 실험을 갈라놓는 분기점이 됐다.

물리 세계의 근본 요소가 감각으로 인지되지 않는다는 것은, 19세기 중반에 이미 이론을 통해 알려진 바 있다. 전자기이론을 구성하는 수학적 구조물은 전기장 또는 자기장의 선속(장)이나 전류의 흐름같이 눈에는 보이지 않는 개념으로 구성돼 있다. 전자기이론은 보고 느낄 수 있는 세계 이면에 수학적 언어로만 표현되는 세계가 숨어 있음을 우리에게 보여주었다. 우리가 알 수 있는 것은 대상과 근본 요소 사이에 성립하는 수학적 관계뿐이다. 바야흐로 20세기는 보이지 않는 세계를 실험적으로 파악하는 방법이 본격적으로 개발된 시대였고, 실험은 원자의 세계를 수학적 구조물로 구성하는 필수 요소가 됐다. 20세기 초, 러더포드가 원자 모형을 만들어 보이지 않는 것의 구조를 우리에게 보여준 이후, 백여 년이 지난 오늘날까지 물리 실험은 거의 대부분 이것의 기본 구조가 무엇인지를 밝히는 데 맞춰져 있다. 더는 쪼갤 수 없는 물질의 기본 단위가 무엇인지 밝히는 임무 말이다.

밝혀지는 원자 세계

양성자와 중성자로 구성된 원자핵 그리고 전자로 이루어진 원자의 구조가 밝혀졌지만, 이들 외에 다른 입자도 발견됐다. 전자와 모든 성질은 같으나 전하만 다른 '양전자'를 필두로 새로운 입자가 실험실에서 나타나기 시작했다. 새로운 입자가 발견되면 기본입자로 편입해 이들의 성질을 알아보았다. 그래서 기본입자의 수는 시간이 흐르면서 늘어만 갔다. 중성자와 양성자가 핵 안에 뭉쳐 있도록 서로 당기는 힘을 일으키는 파이온 입자의 발견은 우주에서 가장 강한 힘인 강력의 존재를 알려주었다. 발견된 입자들은 놀라운 규칙성을 가지고 상호작용해 다른 입자들로 붕괴한다. 어떤 입자는 오직 전자기력에 반응하며, 어떤 입자는 강력으로만 상호작용한다. 또한 이들끼리의 반응도 고도의 규칙이 존재하는 것으로 밝혀졌다.

처음에는 알파입자(방사성 물질이 붕괴하는 과정에서 방출되는 입자로 헬륨의 핵과 구성이 같다)를 이용한 장치나 우주에서 대기권으로 들어오는 입자인 우주선(cosmic rays)을 측정하는 장치로 새로운 입자를 발견했다. 우주선의 에너지는 알파입자의 에너지보다 최소한 수백 배 더 컸다. 그러므로 알파입자 실험으로 관찰하지 못한 현상을 볼 수 있었다. 주로 양성자로 구성된 우주선은 우주 공간을 떠돌다가 지구 인력에 끌려 대기권으로 들어와 대기 입자와 충돌해서 다른 입자를 생성한다. 산 정상에 설치하거나 풍선으로 띄운 검출기는 뜻하지 않은 새로운 입자들을 발견하는 데 결정적 역할을 했다. 그러나 알파입자나 우주선은 에너지가 정해져 있다. 에너지가 높으면 높을수록 원자 내부를 더 깊이 파헤칠 수 있으므로 에너지를 인위적으로 제어할 수 있는 장치가 필요했다. 그래서 수소 가스에서 전자와 양성자를 추출해서 원하는 만큼의 에너지를 입사할 수 있는 장치를 만들어내는 연구가 활발해졌다.

또 연구에 필요한 조건으로는 '에너지' 말고도 '빈도'가 있다. 에너지가 높으면 새로운 물리 현상을 발견할 가능성이 커지고, 빈도가 커지면 그만큼 관찰의 정밀도를 높일 수 있다. 더 강한 방사성 원소를 사용하면 더 많은 알파입자가 방사되므로 빈도는 높일 수 있었다. 그러나 알파입자 자체의 에너지는 매우 낮다. 반면에 우주선은 에너지를 어느 범위 내에서 선택할 수 있으나 빈도는 조절할 수 없다. 그러므로 인위적으로 높은 에너지의 입자(주로 전자나 양성자)를 생성해서 입사 입자의 개수를 최대로 늘려(빈도를 높여) 실험할 수 있는 장치가 필요하게 됐다. 이른바 가속기가 실험에 꼭 필요한 조건이 됐다. 새로운 현상을 보려면 에너지는 최소한 우주선의 에너지보다는 커야 한다. 그런데 우주선보다 에너지가 큰 입자는 적어도 빛의 속도에 99퍼센트 근접한다. 이때부터는 상대론적 효과를 무시할 수 없다.

상대론적 양자효과

새로운 입자가 발견될 때마다 붕괴를 물리적으로 정당화하는 규칙이 나왔고, 이를 통해 자연의 힘에 따라 입자들이 반응한다는 사실을 알 수 있었다. 규칙은 양자수가 반응 전과 후에 보존된다는 등 다양했다. 그러나 양자수 보존은 정역학적 관점이다. 입자의 반응 규칙은 그 반응이 일어나는지 일어나지 않는지를 규정할 뿐, 반응에 관한 동적 물리량을 따지지는 않는다. 그러므로 정역학과 함께 동역학 또한 필요하다. 예를 들어, 슈뢰딩거 방정식에서 원자 내 전자의 들뜸, 바닥 상태의 에너지 등을 계산을 통해 알아내는 과정이 정역학이라면, 전자가 어떻게 궤도를 바꾸면서 천이(遷移, transition)하는가의 과정을 설명하는 것은 동역학이다. 입자의 반응에 관한 동역학 또한 정역학만큼 중요하다.

슈뢰딩거 방정식은 에너지가 적거나 느리게 움직이는 입자에는 잘 적용되는 반면, 높은 에너지를 가진 입자의 행동은 정확하게 설명하지 못한다. 특히 무거운 원자일수록 바깥 궤도에 있는 전자의 에너지가 높아 슈뢰딩거 방정식이 잘 맞지 않는다. 여기에 상대론적 효과를 적용해야 한다. 전도체도 상대론적 효과를 적용해야 한다. 도체 내에서 전자가 움직이는 속도는 빛의 속도보다 훨씬 작으나 도체에 흐르는 전류 현상을 정확히 이해하려면 필요하다. 가속기에서 만들어지는 입자의 에너지가 1GeV만 넘어도 이미 빛의 속도에 근접하므로 슈뢰딩거 방정식을 적용할 수 없다.

특수상대성이론과 양자역학을 함께 고려한 상대론적 양자 방정식은 디랙이 개발했다. 하지만 방정식이 장(field)의 개념을 고려한 것은 아니다. 맥스웰 방정식은 전기와 자기력이 전달되는 개념을 장 이론으로 구축했고 일반상대성이론도 중력장이 도입된 방정식이다. 그러므로 전자기학과 상대론에 적용된 장의 개념을 양자역학의 원리에 근거해 구축하지 못할 이유가 없다. 이 원리로 만들어진 이론이 '양자장론'이다. 양자장론에서 장은 입자의 흐름을 통해 에너지를 전달한다. 게이지 보손이라 불리는 입자는 기본입자에 힘을 전달하는 매개 역할을 한다. 게이지 보손이 매개하는 힘에 따라 광자처럼 질량이 없기도 하고 생길 수도 있다.

빛과 전자 사이의 양자적 상호작용을 설명하는 양자장론이 '양자전기역학'이다. 처음에는 일부 수학적 요소가 무한대로 발산해 이론이 붕괴하는 문제가 있었으나 유한한 결과가 나오도록 조정됐다. 양자전기역학은 상대론적 환경에서 전자기 현상을 잘 설명할 뿐만 아니라 새로운 물리 현상을 알아내는 시도에 자극제가 되었다. 양자전기역학이 제반 전자기 현상을 얼마나 잘 설명하는지는 전자와 양전자의 충돌로 생성된 입자들의 비율을 보면 알 수 있다. 비율을

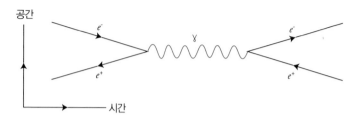

파인만 다이어그램. 매개입자는 물결모양으로 표현되고 입자와 반입자는 직선으로, 화살표는 시간의 방향의 방향을 가리킨다. 그림은 광자의 매개로 전자가 양전자로, 양전자가 전자로 붕괴하고 있다.

계산하는 이론적 모형이 다양하게 구축됐지만, 오직 양자전기역학만이 비율을 정확히 예측했다. 그러므로 전하를 띤 두 입자는 전자기장에 의해 상호 작용하며 서로에게 힘을 행사하는데 이 힘은 양자전기역학에 따라 광자가 매개한다. 입자들의 충돌을 단순한 선을 그어 나타내는 그림인 파인만 다이어그램을 보면 좀 더 쉽게 이해할 수 있다.

양자전기역학은 원자들의 행동을 올바르게 예측한다. 뉴턴역학이래 지금까지 나온 물리 이론 중에서 가장 정확하다. 이러한 사실은 광자를 전자기력의 매개자로 가정하고 입자의 상호작용을 설명하는 개념이 올바르다는 것을 의미한다. 입자가 상호작용한다는 이 기법으로 강력과 약력도 입자의 상호작용으로 설명할 수 있게 됐다. 양자전기역학에서 매개자로서 광자의 역할이 알려진 이상 다른 힘도 어떤 매개 입자에 의해 입자의 상호작용이 일어나지 않을 리 없었다.

약력과 강력의 발견

약력은 방사성 물질이 붕괴해 안정 상태가 되면서 방사능을 방출할 때의 힘이다. 약력 때문에 핵 안의 중성자가 양성자로 변환되면서 전자가 중성미자로 붕괴하는 것이다. 방사성 탄소를 이용한 연대 측정을 가능하게 하는 현상이기도 하고, 태양 내부의 핵융합을 일으키는 힘이기도 하다. 약력은 글자 그대로 약한 힘으로 전자기력(강력)과 비교해 수천 배(수백만 배) 정도 힘의 세기가 작다. 전자기력은 아주 먼 거리까지 영향을 미치지만 약력은 아주 좁은 범위에서만 영향력을 발휘한다. 약력은 광자 하나가 매개하는 전자기력과는 다르게 서로 반대의 전하를 가지는 쌍의 보손과 중성 보손, 이렇게 세 개의 입자가 매개한다. 광자는 질량이 없어 멀리까지 이동할 수 있는 반면, 약력의 매개 입자는 매우 무거운 상태로 핵 안에 존재한다. 약력은 다른 힘과 비교해 매우 유별나다. 다른 힘과는 달리 반전성(parity) 보존이 성립하지 않는다(예를 들면 전하량에 플러스가 있고 마이너스가 있듯이, 어떤 힘에 상대되는 힘이 있는 걸 반전성이 보존된다고 이야기한다).

전후 새로이 개발된 가속기로 점점 더 괴상하고 새로운 입자들을 찾아내기 시작했다. 1960년대 초까지 100여 종의 강입자들이 모습을 드러냈다. 이렇게 많은 입자를 모두 기본입자라 하기엔 너무 지저분하고 혼란스러웠다. 이 입자들은 물리적 특성이 같은 대칭성을 가진 입자들로 분류할 수 있었다. 그렇다면 강입자들이 왜 이리한 대칭성을 가지는가? 이러한 입자들이 더 작은 개체로 이루어져 있다면 설명이 가능했다.

여기서 쿼크 이론이 나왔다. 강입자는 업(up), 다운(down) 및 스트랜지(strange)라는 3종류의 쿼크(quark)로 이루어져 있다. 중입자는 세 개의 쿼크로, 중간자는 한 개의 쿼크와 반쿼크로 구성된다. 질량은 작은 것부터 업, 다운 및 스트랜지 쿼크의 순이므로 가장 가벼운 중입자나 중간자는 가벼운 쿼크로 이루어질 것이며, 입자의 전하량에 맞게 구성된다. 예를 들어, 중입자에 해당하는 양성자와 중성자는 업과 다운 쿼크로, 중간자인 3개의 파이온은 업과 다운 쿼크의 다른 결합이다.

쿼크 모형은 쿼크의 종류에 따른 규칙성을 엄격하게 지킨다. 이에 따라 배열하면 새로운 입자의 존재도 예견할 수 있었고, 예견된

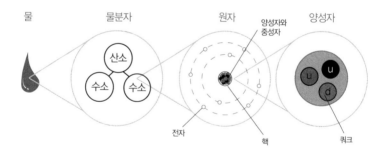

물방울은 물 분자로 구성돼 있고 한 개의 물 분자는 두 개의 수소 원자와 한 개의 산소 원자로 구성돼 있다. 원자는 중심에 핵과 주위를 도는 전자로 구성돼 있고 핵은 양성자와 중성자로 구성된다. 양성자와 중성자는 각각 세 개의 쿼크로 구성된다. 전자와 쿼크는 더는 쪼갤 수 없는 물질의 기본 단위로서 기본입자다.

입자는 후에 발견됨으로써 쿼크 이론이 성공적이라는 것을 증명했다. 이로써 입자의 존재와 붕괴가 강력한 규칙성을 띤다는 것이 또다시 확인됐다. 그러나 실험 결과는 쿼크가 있다는 것을 증명했지만 정작 쿼크는 검출할 수 없었다. 쿼크는 강입자 안에 영구적으로 가두어져 있어 관찰할 수 없다.

강력은 전자기력의 전하에 의한 힘과는 다르게 입자 간의 거리가 멀수록 크기가 크고 가까울수록 작다. 그래서 강력의 이러한 성질을 기술하는 양자장론이 개발됐다. '양자색깔역학'은 강력 때문에 입자들이 상호작용하는 것을 설명하는 이론적 모형이다. 여기서 색깔이란 전기의 양과 음처럼 강력의 전하를 말한다(구별을 위해 색이란 개념을 가지고 온 것이지 실제 색을 띠는 건 아니다. 양자 세계의 네이밍은 좀 묘한 데가 있다). 색깔 힘은 색깔의 조합에 따라 쿼크를 서로 끌어당기게도 만들고 서로 밀치게도 만든다. 중입자는 빨강, 초록, 파랑 등의 다른 색깔들이 서로 끌어당겨 입자를 형성하고, 중간자는 같은 색깔의 쿼크와 반쿼크가 서로 끌어당겨 입자를 형성한다. 이러한 조합으로 설명하는 방식은 매우 성공적이어서 기본입자를 구성하는 방식을 연구하는 과학자들에게 확신을 주었고 전자와 뮤온의 경입자 족이 대응을 이룬다는 것을 밝혀냈다. 이러한 사실은 자연스럽게 더 무거운 쿼크와 이에 대응되는 더 무거운 경입자를 예측하는 단계를 밟게 했다.

가속기 실험

퀴크 개념이 제안됨으로써 흩어져 있던 100여 강입자들을 규칙적으로 배열할 수 있게 됐다. 이렇게 물리적 법칙으로 입자들을 설명할 수 있게 한 결정적인 공헌은 가속기를 이용한 입자 실험이 했다고 봐야 한다. 입자 가속은 주로 양성자나 전자를 이용하는데 자연에 매우 흔하게 존재하는 수소 원자로부터 얻을 수 있다. 가속하는 에너지원은 전기다. 전구가 켜지는 원리는 건전지의 전압으로 에너지를 얻었기 때문이다. 비슷하게 전자나 양성자는 전압이 걸린 전극을 통과하면 에너지를 얻어 가속된다. 입자의 에너지 단위는 전자볼트(eV)로서 1eV는 하전된 입자가 1V 전압의 전극을 지나면서 얻는 에너지다. 일반적으로 가속장치는 초고전압을 요구하는데 이를 구현하는 건 매우 어려운 기술에 속한다. 초창기에 가속 장치로 새로운 물리 현상을 발견하려면 최소한 수백 메가급의 에너지를 내야 했다. 이렇게 개발된 수백 메가급의 가속기는 원자의 내부 구조와 새로운 입자 발견에 결정적인 역할을 했다.

기가급 에너지의 가속기는 1950년대에 등장했다. 이때 많은 입자가 발견되었는데 가장 주목할 만한 사건은 1964년 오메가입자의 발견이었다. 퀴크 기반 이론으로 예측한 오메가입자의 발견은 멘델레예프의 원소 예언(주기율표)과 같은 입자물리학의 개가였고, 기본 입자로서 퀴크를 고려한 이론이 성공적임을 확신시켜 주었다. 더욱 중요한 것은 입자들이 정확한 규칙성에 따라 존재함을 증명한 것이다. 이론의 예측력이 확인된 이상, 더 강력한 가속기가 있다면 자연을 더 올바로 이해할 수 있다는 확신이 생겼다. 고 에너지 가속기는 미국과 구소련이 기술적 우위를 선점하는 도구로서 경쟁하에 건설했다. 이 시기에 검출기의 기술도 진일보했고 규모 면에서도 거대화의 조짐이 보였다. 실험이 거대 과학으로 변모해 갈수록 이론과 실험의 긴밀한 협력은 더욱더 필요하게 되었다.

오늘날 가속기를 이용한 실험은 거대 과학의 전형이다. 실험의 대형화는 필연적으로 일어나는 현상으로 가속기 시설과 검출기 등이 더 높은 가속 에너지를 필요로 함에 따라 더욱더 거대화될 수밖에 없다. 가속입자 에너지가 증가하면 가속기의 규모도 커질 수밖에 없으며 에너지를 감당할 검출기 또한 건설해야 한다.

70년대 중반부터 시작된 충돌 물리 실험은 대형화를 가속했다. 현재 지상 최대의 에너지로 가동하고 있는 유럽입자물리연구소(CERN)의 LHC 가속기는 첨단 기술 장비와 거대 조직을 운영하고 있다. 거대 시설을 건설하고 유지하려고 수천 명의 물리학자와 공학자, 기술자와 근로자 및 행정 인력이 투입됐다. 또한 그러한 설비의 건설과 운용에는 천문학적인 비용이 소요된다. 실험 연구는 기술, 경제 그리고 행정이 통합적 요소로서 중요한 역할을 해야 제대로 진행된다. 그리고 초거대 가속기와 검출기, 연구 대상에 접근할 수 있는 기술 장벽이 점점 더 거대하게 쌓여갔다. 이를 이해하고 사용하려면 장기간의 수련이 필요하고, 매우 복잡한 기술과 이려운 이론적 전제를 근간으로 자연과 관계를 맺어야 한다.

전자기력과 약력의 통일

쿼크 이론이 잘 들어맞자 전자기력, 약력 및 강력을 통합하려는 시도가 물리학계를 휩쓸었다. 통일장 이론이 수학적 대칭성을 바탕으로 구축될 수 있다는 생각에 물리학자들은 들떴다. 여기에 거대 가속기 실험이 이론을 실용적으로 증명해주고 있었으므로 물리학의 위대한 목표인 통일 이론 구성에 커다란 도움이 되었다. 우선 전자기력과 약력의 통합이 이루어졌다.

통합이 이루어지려면 원래 두 힘으로 분리되기 전 힘의 크기는 같아야 한다. 그런데 두 힘은 매우 다른 특징을 가지고 있다. 전자기력은 공간에 따라 무한대로 전자기장(빛)이 존재하므로 힘이 무한대까지 전달되는 데 비해 약력은 상황이 매우 다르다. 약력은 입자가 모여 있는 곳에서만 발생하여 아주 짧은 거리에만 힘이 전달된다. 그러므로 양자전기역학과는 다르게 상황에 맞는 장이 도입돼야만 했다. 그런 이유로 광자가 질량이 없는 반면 약력의 매개 입자는 질량이 매우 커야 이론이 성립할 수 있었다. 약 100GeV 정도 질량의 입자라면 힘의 실제 크기가 전자기력과 같아져서 두 힘을 하나로 통합할 수 있었다.

1967년, 와인버그 등은 독립적으로 전자기력하에서 입자의 상호작용을 설명하는 게이지 이론인 양자전기역학과 약력에서의 상호작용을 설명하는 양-밀스 게이지 이론을 통합해 '전기약작용(electroweak) 이론'을 구축했다. 이론은 매우 높은 에너지 상태에서는 약력과 전자기력의 크기는 같다고 가정함으로써 두 힘을 통합했다. 전기약작용 이론에 의하면 약력을 매개하는 게이지 보손은 힉스가 개발한 방법에 따라 대칭이 깨지면서 질량을 얻게 된다. 한편 전자기력을 매개하는 게이지 보손인 광자는 대칭이 깨져도 질량이 없다. 그러므로 힉스의 방법은 약력을 매개하는 W와 Z 게이지 보손 질량의 본성을 논리적으로 맞게 설명한다. 이 질량의 차이 때문에 전자기력과 약력은 높은 에너지에서는 비슷하나 낮은 에너지에서는 매우 다르다. W와 Z 게이지 보손은 이론으로 질량 값을 예측했는데, 이 게이지 보손은 1984년에 발견됐고 질량 또한 정확히 이론으로 예측한 대로였다.

대칭의 깨짐

자연은 본래 대칭이 아닌 것이 많다. 사람도 왼손잡이와 오른손잡이가 있듯이 약력은 반전성이 보존되지 않고 중성미자는 왼손잡이만 존재한다. 물질과 반물질은 이미 우주 내에서 균형을 잃어버려 비대칭적 분포를 보인 지 오래다. 원래 대칭이었다가 대칭이 깨지는 일도 있다. 보통 강제적으로 깨지는 경우가 많으나 저절로 깨지는 예도 있다. 팽이가 돌다가 넘어지는 경우가 그렇다. 똑바로 돌고 있을 때 대칭적이던 팽이는 힘이 쇠잔해지면 특정 방향으로 넘어진다. 이때 넘어질 확률은 모든 방향에 대하여 같다. 그러나 결국 특정 방향으로 넘어지게 되므로 대칭은 저절로 깨진다.

대폭발 후의 우주는 매우 뜨거웠고 모든 힘은 하나로 합쳐져 있었다. 우주가 팽창하면서 온도가 내려가자 대칭이 깨지며 힘이 나뉘었다. 뜨겁게 달궈진 막대자석 내부의 자기장 방향은 무작위지만, 특정 온도 이하로 식히면 자기장 방향이 정렬돼 N과 S극이 생기는 것과 같다. 이론적으로는 중력이 가장 빨리 분리됐고 강력이 분리돼 쿼크들이 뭉치게 되었다고 말한다. 마지막으로 전기약력이 전자기력과 약력으로 분리됐다. 전기약력이 전자기력과 약력으로 분리되었을 때 우주의 에너지는 약 100GeV 정도였다. 이 에너지보다 높을 때는 W, Z 보손과 광자는 서로 구분되지 않았고 전기약작용을 매개하는, 질량이 없는 입자들만 존재했다. 이 에너지에서 대

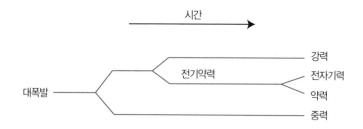

우주에 존재하는 힘은 원래 하나였다가 우주 초기에 대칭이 깨짐으로써
오늘날 네 개의 힘으로 분리됐다고 물리학자들은 생각하고 있다.

칭이 깨지면서 약력의 게이지 보손인 W와 Z 입자가 질량을 얻으며 전자기력과 약력이 분리됐다. 그러므로 대칭의 깨짐은 게이지 보손의 질량이 왜 서로 다르고 어떤 것은 질량이 없는지 설명한다. 대칭의 깨짐이 없었다면 모든 입자는 질량을 가지지 않았을 것이다. 이를 힉스 기법이라 하는데 힉스입자가 대칭을 깨는 방법을 제공해주기 때문이다. 힉스입자는 지난 수십 년간의 추적 끝에 2012년 유럽 입자물리연구소에서 발견됐다.

표준모형

표준모형(The Standard Model)은 전자기력, 약력 및 강력을 포함하는 통일장 이론이다. 모형은 실험적 결과와 이론적 대칭성을 기반으로 구축되었다. 기본입자는 상호작용에 직접 참여하는 '참여입자'와 힘에 따라 상호작용을 하도록 매개하는 '매개입자'로 나뉜다. 참여하는 입자로서 6개의 경입자와 6개의 쿼크가 있고 이들은 대칭적 성질에 따라 3쌍으로 나뉘며 각각을 '세대'라고 부른다. 쌍과 세대의 개념은 전하 보존법칙과 쌍을 형성하는 입자에만 존재하는 대칭성에 근거한다. 경입자는 전자와 전자중성미자, 뮤온과 뮤온중성미자, 타우 입자와 타우중성미자로 쌍을 이루며, 이와 대응하여 쿼크는 각각 업과 다운, 참과 스트랜지, 톱과 버텀이 쌍을 이룬다(그림 12.7).

힘에 따라 존재하는 매개입자는 전자기력의 광자(빛), 약력은 $W^\pm$
와 Z^0입자 그리고 강력은 8개의 글루온으로 구성된다. 마지막으로
기본입자들이 질량을 가지도록 도와주는 힉스입자가 있다. 표준모
형이 예측한 입자들은 2012년에 힉스입자를 끝으로 모두 발견됐
다. 힉스의 발견은 표준모형의 가장 큰 성공이자 공식적인 완성이
라 할 수 있다. 지난 50여 년간 실험과 일치한 유일한 모형이자 쿼
크 등장 이후 최초의 통일장 이론이다.

표준모형은 통일장 이론으로서 완벽하지는 않다. 우선 모형은 중
력은 제외하고 나머지 세 힘만을 통합했고 세 힘이 하나의 힘으로
부터 파생되도록 만들어져 있지도 않다. 게다가 이론적으로 여러

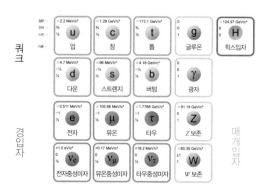

표준모형이 예측하는 입자의 구성도. 기본입자는 페르미온으로 스핀이 모두 ½이고
경입자와 쿼크족으로 나뉘어 있으며 이들은 모두 3개의 세대로 이루어져 있다. 그리고
힘의 종류에 따라 매개입자가 존재하고 이들은 모두 스핀 1로서 보손이다. 마지막으로
입자에 질량을 부여해 주는 힉스입자가 있는데 이 입자도 매개입자와 같이 보손이지
만 스핀은 0이다. 2012년에 힉스입자를 발견함으로써 표준모형으로 예측된 입자는 모
두 발견됐다.

불완전한 요소들이 있다. 더 나아가 표준모형은 가장 간단한 수학의 집합(군)을 사용하기 때문에 좀 더 큰 군을 사용해 모형을 구축하지 않을 이유가 전혀 없다. 여러 문제점을 보완하려고 지금까지 2백 종이 넘는 이론이 나와 있다. 이 중에 실험값과 이론적 예측값과 일치하지 않아 사멸된 이론도 있고 실험으로 아직 검증되지 않은 이론도 있다(1990년대 중반에 불완전성을 완전히 해소한 이론인 초끈이론이 나와 자연의 모든 현상이 설명될 수 있을 것이라 여겨졌다. '모든 것의 이론(theory of everything)'이라 불릴 만큼 각광을 받았으나 이론적 예측력이 없어 진위가 불분명하다). 특이한 사실은 표준모형을 제외하고는 자연 현상과 일치하는 이론이 하나도 없다는 것이다.

플라톤의 삼각형

표준모형이 완전한 통일적 체계를 갖춘 이론은 아니지만 50년이 넘게 모든 실험과 일치하는 유일한 이론이라는 지위를 유지하고 있는 것은 매우 놀랍다. 표준모형을 관조해보면 우리 우주는 뉴턴이 상상했던 것보다 훨씬 더 단순하고 통일적인 자연법칙의 지배를 받는다는 것을 알 수 있다. 모형은 수학만으로 절대로 유도되지 않았을뿐더러, 철학의 논증을 통해 얻어질 수 없다. 입자들의 교묘한 대칭적 구조, 힘과 기본입자의 규칙적 관계 등은 미학적인 관점으로 얻을 수 있었다. 이렇게 구축된 추론으로 예측과 검증을 반복되면서 점증적으로 모형으로 자리를 잡게 되었다. 그런데 통일장 이론의 수학적 구조, 대칭성, 기본입자의 개념 등 현대물리학에서 이해한 우주는 플라톤의 자연관과 많이 닮아 있다.

플라톤의 유일한 자연과학서인 《티마이오스》는 우주의 원리와 기본 구성 요소, 원인 등을 탐구한 대화편이다. 플라톤은 우주를 조화롭고 질서 정연한 것으로 보았다. 플라톤은 세상이 흙, 물, 공기 및 불의 4 원소로 이루어졌다고 보았다. 그런데 4 원소는 기본 요소가 아니고 이들의 서로 다른 성질은 각각을 구성하는 더 근본적인 것들의 다른 형태에서 기인하는 것으로 보았다. 물질을 이루는 기본 바탕이 되는 가장 근본은 이등변삼각형과 부등변삼각형이다. 둘의 다른 조합으로 만들어진 여러 다면체가 각각 4 원소가 된다. 불, 공기와 물은 부등변삼각형을 요소로 구성되고, 흙은 이등변 삼각형을 요소로 구성된다. 이들의 생성 및 변화는 요소 삼각형의 결합과 해체로 정해지나 흙은 제외되는데 유일하게 이등변 삼각형으로 만들어지기 때문이다. 정육면체, 정팔면체, 정사면체 및 정이십면체는 각각 흙, 공기, 불 및 물에 대응된다. 이처럼 4 원소의 생성과 변환을 요소 삼각형들의 결합과 해체로 설명하고 사물들의 성질을 요소 삼각형의 결합으로 만들어진 정다면체의 구조로 설명한다.

요소 삼각형으로 세상이 구성됐다는 플라톤의 주장과 현대물리학의 관점에서 원자가 쿼크 등의 기본입자로 구성되어 있다는 주장은 질적으로 일치한다. 요소 삼각형은 쿼크처럼 꺼내서 관찰할 수

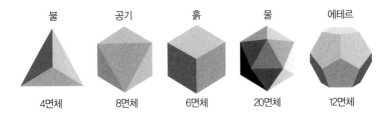

불	공기	흙	물	에테르
4면체	8면체	6면체	20면체	12면체

플라톤의 다면체. 삼각형으로 이상적인 다면체를 구성할 수 있다. 플라톤은 우주의 물질이 이러한 이상적인 다면체 형태로 구성돼 있다고 하였다. 이 관점은 오늘날 기본입자의 개념과 질적으로 같은 것이다.

있는 대상이 아니다. 플라톤이 제시한 다면체는 속성상 등변 삼각형의 여러 다른 조합으로 구성되므로 조합이 만들어지려면 기하학적 대칭성이 있어야 한다. 마찬가지로 현대물리학이 얘기하는 쿼크등 기본입자는 대칭성에 준거한 기본 법칙에 의해서만 존재한다. 따라서 플라톤의 정다면체는 오늘날 말하는 물질 개념의 원형이라 할 만하다.

플라톤은 자연은 수학으로 기술된다고 굳게 믿었다. 오늘날 우리가 파헤친 자연이 바로 그렇다. 우리가 세상을 이해하는 방식은 시간과 공간을 뛰어넘어 돌고 돈다. 현대물리학이 알아낸 자연은 플라톤이 추론해낸 자연이기도 하다.

맺음말

머리말에서 밝혔듯이 이 책은 철학과 물리학 이야기다. 이성적으로 무엇을 논증하고 탐구하는 관점에서 보면 철학과 물리학은 동일선상에 있다. 인간의 근본적인 호기심을 해결한다는 면에서 철학과 물리학은 구분이 안될 만큼 모호하다는 생각이 책을 완성해가면서 더욱 짙어졌다.

두 학문은 각기 다른 방법으로 세상을 이해하려 했을 뿐이다. 더군다나 우리가 사는 21세기에 두 학문의 경계는 그다지 명확하지 않을 수 있다. 알 수 있듯이 이 책, 열 개의 장 중에서 1장에서 8장까지는 플라톤에서 시작해 아인슈타인에 이르는 저명 철학자와 과학자의 이름을 제목으로 사용했다. 반면 마지막 두 장은 특정 인물 대신 분야가 제목으로 사용됐다. 이 책에서 반드시 언급해야 하나 양자물리학과 입자물리학은 어느 한 사람의 공헌이 아니라 여러 사람이 노력한 결과로 얻어진 산물이라 누구를 특정할 수 없기 때문이다. 입자물리학에서 그 성향은 더욱 두드러진다. 이는 지식의 팽창과 깊은 관련이 있다.

19세기 말부터 눈에 띄게 지식이 증가했다. 가히 기하급수적이라 할 만하다. 지식은 학문이 세분화하면서 더욱 방대해졌다. 그렇다고 지식이 계속 이런 속도로 팽창만 하지는 않을 것이다. 우리가 새로운 지식을 알아내면 알아낼수록 또 다른 새로운 지식을 알아내는 작업은 그만큼 어려워졌고 점점 더 많은 인력이 필요해졌다. 그뿐 아니라 새로운 기술을 요구한다. 오늘날 학문은 더욱 정교하고 전문적이 되었다. 물리학 분야를 예로 들면 세부 분야가 20개가 넘고 이들 각각은 상호 연계를 찾기 어려울 만큼 전문적이다. 하지만 비록 세부 분야가 다를지라도 한쪽에서 이루어진 연구 내용이 다른 쪽에 적용되는 경우는 적지 않다. 다른 분야 사이의 융합적 연구가 필요하다는 이야기다. 학문 간에도 융합이 가능할 것이다. 학문 간의 전문성 교환으로 시너지 효과를 얻을 수 있다. 인접 학문 간, 학제 간 연계 연구가 필요하다는 주장이 이미 십수 년 전부터 강조되고 있다. 학제 간 연구를 통해 새로운 지식은 더욱더 많이 창출될 것이다. 융합은 지식이 더욱더 팽창할수록 활발히 일어날 것이다. 융합이 새로운 지식 창출의 거점이 된다. 그러므로 기존에 존재하지 않았던 학문 분야와 여러 학문의 경계를 넘나드는 분야가 새로이 창출될 수 있다.

아울러 출판 또한 융합의 관점에서 주제를 바라보는 시선에 주목하고 있다. 이 책《세상이치》는 물리학과 철학을 융합해 세상을 이성적으로 바라본 결과다. 관점이 바뀌니 두 분야를 같이 들여다보게 된다. 인류의 놀라운 이성적 성취의 한 단면을 이 책을 통해 보여주고자 했다. 그러나 인간이 이성만 가지고 있는 것이 아니다. 감성 또한 이성만큼이나 중요한 요소다. 이성과 감성 말고 감정 또한 있다. 앞으로《세상이치》의 감성과 감정 편이 나오지 않으리란 법은 없을 것이다. 물론 학문을 융합적으로 보는 관점은 이것 말고 다양하다. 기존 특정 학문이라는 주제를 벗어나면 새로운 지평이 열릴 수 있다고 필자는 생각한다.

인류가 지성적으로 여기까지 발전하는 데까지 플라톤과 아리스토텔레스의 영향은 절대적이었다. 같은 시기에 스승과 제자가 인류 지성사에 이렇게 커다란 발자취를 남긴 예는 없었고 앞으로도 없을 것이다. 덧붙여 인류의 지성사에 한 획을 그은, 책에 나온 모든 이에게 존경을 보내길 바라마지않는다.